Dorothy Parker

# Eine starke Blondine

New Yorker Geschichten

Deutsch von
Pieke Biermann und
Ursula-Maria Mössner

Rowohlt

Die Übersetzung folgt
den Textfassungen der Originalausgabe
«The Portable Dorothy Parker»,
original edition published 1944,
revised and expanded edition published 1973,
Copyright © 1944 by Dorothy Parker,
Copyright © 1972 renewed by Lillian Hellman
Copyright © 1973 by National Association
for the Advancement of Colored People
Mit freundlicher Genehmigung der
Viking Press, New York
Die Erzählung «Arrangement in Schwarz und Weiß»
übersetzte Ursula-Maria Mössner;
alle anderen Erzählungen wurden von
Pieke Biermann übersetzt.

Veröffentlicht im
Rowohlt Taschenbuch Verlag GmbH,
Reinbek bei Hamburg, Januar 1996
Die Erzählungen der vorliegenden Ausgabe
wurden dem Band
«New Yorker Geschichten» entnommen.
Copyright © 1985, 1994
by Haffmans Verlag AG Zürich
Alle deutschen Rechte vorbehalten
Die deutsche Neuübersetzung wurde
von Fritz Senn lektoriert
Umschlaggestaltung Walter Hellmann/Beate Becker
Illustration Susanne Müller
Satz Sabon (Linotronic 500)
Gesamtherstellung Clausen & Bosse, Leck
Printed in Germany
200-ISBN 3 499 22040 7

# Inhalt

Eine starke Blondine 7

Aus dem Tagebuch einer
New Yorker Lady 58

Bei Tageslicht betrachtet 68

Das Butterkremherz 100

Arrangement in Schwarz und Weiß 119

# Eine starke Blondine

## (Big Blonde)

### I

Hazel Morse war eine stattliche, strahlende Frau von der Sorte, die manche Männer, wenn sie das Wort «blond» in den Mund nehmen, dazu verleitet, mit der Zunge zu schnalzen und den Kopf neckisch schräg zu legen. Sie war sehr stolz auf ihre kleinen Füße und ertrug manches Leid für ihre Eitelkeit, indem sie sie in die kleinstmöglichen Schuhe mit sehr hohen Absätzen und kurzen, abgerundeten Spitzen quetschte. Eigenartig waren ihre Hände, komische Endstücke von schlaffen, weißen, mit bleichen Sonnenflecken gesprenkelten Armen – lange, aufgeregte Hände mit fast bis um die Fingerspitzen herum gezüchteten, gebogenen Nägeln. Sie hätte sie nicht mit Juwelen verunzieren sollen.

Sie gehörte nicht zu den Frauen, die in Erinnerungen schwelgen. Mit Mitte Dreißig sah sie ihre alten Tage als verschwommene, flakkernde Sequenz, als einen unvollendeten Film über das Treiben fremder Leute.

In ihren Zwanzigern, nach dem lange hinausgezögerten Tod ihrer schleierhaft verwitweten Mutter, war Hazel in einem Kleidergroßhandel als Mannequin angestellt gewesen – damals war noch die starke Frau in Mode gewesen, und sie hatte noch eine blühende Farbe und eine aufrechte Haltung gehabt und stolz gereckte Brüste. Die Stelle war nicht sehr anstrengend, und sie lernte eine Menge Männer kennen und verbrachte mit ihnen eine Menge Abende, lachte über ihre Witze und lobte ihre todschicken Schlipse. Die Männer fanden sie fabelhaft, und für sie war es selbstverständlich wünschenswert, von Männern fabelhaft gefunden zu werden. Beliebtsein schien ihr all die Mühe wert, die dazu aufgewendet werden mußte. Männer fanden einen fabelhaft, weil sie mit einem Spaß haben konnten, und wenn sie einen fabelhaft fanden, dann führten sie einen aus, und darauf kam's an. Und so war sie, und zwar mit Erfolg, für jeden Spaß zu haben. Sie war kein Spielverderber. Männer mochten keine Spielverderber.

Andere Formen des Zeitvertreibs, ob schlichtere oder anspruchsvollere, konnten ihre Aufmerksamkeit nicht erringen. Sie hatte nie darüber nachgedacht, ob sie sich nicht vielleicht mit anderem beschäftigen sollte. Ihre Vorstellung oder besser das, was sie gut fand, entsprach genau dem der anderen großzügig gebauten Blondinen, unter denen sie ihre Freundinnen fand.

Als sie in der Kleiderfirma ein paar Jahre gearbeitet hatte, lernte sie Herbie Morse kennen. Er war dünn, flink, attraktiv, hatte Falten über den glänzenden braunen Augen, die hin- und herzuckten, und die Angewohnheit, verbissen an der Haut um die Fingernägel herum zu kauen. Er trank im großen Stil; sie fand das unterhaltsam. Sie begrüßte ihn üblicherweise mit einer Bemerkung über seinen Zustand am vergangenen Abend.

«Na, du hattest vielleicht einen sitzen», sagte sie meistens und lachte fröhlich wie immer. «Ich dachte, ich sterbe, wie du den Kellner dauernd gefragt hast, ob er mit dir tanzt.»

Sie fand ihn sofort fabelhaft, als sie ihn traf. Sie amüsierte sich köstlich über seine schnellen, genuschelten Sätze, die intelligent eingeschobenen Zitate aus Vaudeville-Stücken und Witzblattserien; sie bebte, wenn sie spürte, wie er seinen mageren Arm entschlossen unter ihren Jackenärmel schob; sie hatte Lust, die nasse Spiegelfläche seiner Haare anzufassen. Er fühlte sich ebenso prompt zu ihr hingezogen. Sie heirateten sechs Wochen nach ihrer ersten Begegnung.

Sie war hocherfreut über die Idee, eine Braut zu sein; kokettierte damit, profitierte davon. Sie hatte bereits früher Heiratsanträge bekommen, und nicht zu knapp, aber die waren zufällig immer von klobigen, bierernsten Männern, die als Einkäufer in die Kleiderfirma kamen; Männer aus Des Moines und Houston und Chicago und, wie sie es ausdrückte, noch viel komischeren Orten. Sie fand den Gedanken, irgendwo anders als in New York zu leben, schon immer enorm grotesk. Sie konnte doch Heiratsangebote mit Wohnsitz irgendwo im Westen nicht ernst nehmen.

Sie hatte Lust, verheiratet zu sein. Sie war jetzt fast dreißig, und sie steckte die Jahre nicht leicht weg. Sie ging auseinander und wurde weicher, und die nachdunkelnden Haare nötigten sie zum ungeschickten Hantieren mit Wasserstoffsuperoxyd. Es gab Zeiten, da bekam sie kleine Angstschauder wegen ihrer Stellen. Und sie hatte inzwischen ein paar tausend Abende mit ihren männlichen Bekannten verbracht und war kein Spielverderber gewesen. Allmählich war sie darin immer mehr beflissen und weniger spontan geworden.

Herbie verdiente genug, und sie nahmen eine kleine Wohnung weit oben in Manhattan. Das Eßzimmer war in Spanisch-Kolonial, die Hängelampe in der Mitte hatte eine leberbraune Glaskuppel; im Wohnzimmer standen eine Polstergarnitur und ein Farn und hing eine Reproduktion von Henners «Magdalene» mit den roten Haaren und den blauen Gewändern; das Schlafzimmer war in Emailgrau und Altrosa, Herbies Foto stand auf Hazels Toilettentisch und das von Hazel auf Herbies Kommode.

Sie kochte – und sehr gut sogar – und kaufte ein und schwatzte mit den Lieferburschen und der farbigen Waschfrau. Sie liebte die Wohnung, sie liebte ihr Leben, sie liebte Herbie. In den ersten Monaten ihrer Ehe schenkte sie ihm all die Leidenschaft, deren sie fähig war.

Sie hatte gar nicht gemerkt, wie müde sie war. Es war eine Wonne, ein neues Spiel, es war wie Ferien, endlich nicht mehr kein Spielverderber sein zu müssen. Wenn sie jetzt Kopfschmerzen hatte oder ihr die Füße weh taten, jammerte sie herzzerreißend wie ein Baby. Wenn ihr jetzt nach Stille zumute war, schwieg sie. Wenn ihr jetzt Tränen in die Augen traten, ließ sie sie laufen.

Sie verfiel recht bald gewohnheitsmäßig auf Tränen während ihres ersten Ehejahrs. Sie war sogar in den Tagen, in denen sie kein Spielverderber sein durfte, bekannt für ihren gelegentlich verschwenderischen und gedankenlosen Umgang mit Tränen gewesen. Wie sie sich im Theater aufführte, war ein allgemein bekannter Witz. Sie konnte bei einem Stück über alles und jedes weinen – über Kinderkleidchen, die Liebe, ob unerwidert oder gegenseitig, über Verführung, Reinheit, treue Diener, Hochzeitsszenen, Dreiecksbeziehungen.

«Schaut euch die Hazel an», sagten ihre Freunde und sahen zu. «Da legt sie wieder los.»

Aber jetzt, entspannt im Hafen der Ehe, ließ sie ihre Tränen frei laufen. Für sie, die soviel gelacht hatte, war Weinen köstlich. Alle Sorgen wurden zu ihren Sorgen; sie war die Besorgtheit in Person. Sie vergoß ausgiebig warme Tränen bei Artikeln über entführte Babys, sitzengelassene Ehefrauen, arbeitslose Männer, streunende Katzen, heldenhafte Hunde. Auch wenn sie die Zeitung gar nicht mehr vor sich hatte, rumorte alles weiter in ihrem Gemüt, und die Tränen rollten schubweise über ihre Pausbacken.

«Ist doch wahr», sagte sie zu Herbie, «soviel Trauriges gibt's auf der Welt, wenn man es mal bedenkt.»

«Tja», sagte Herbie.

Sie vermißte niemanden. Die alte Clique, die Leute, die sie und Herbie zusammengebracht hatten, verschwanden nach anfänglichem Zögern aus ihrem Leben. Wenn sie überhaupt darüber nachdachte, fand sie es eigentlich nur richtig. So war die Ehe. Das war Frieden.

Nur, Herbie schmeckte das gar nicht.

Eine Zeitlang hatte er das Alleinsein mit ihr genossen. Er fand diese freiwillige Isolation neu und liebenswert. Dann wurde sie schlagartig schal. Es war, als wäre er an einem Abend, als er mit ihr in dem Wohnzimmer mit der Dampfheizung saß, noch wunschlos glücklich gewesen; und am nächsten Abend hatte er die ganze Angelegenheit gründlich satt.

Ihre melancholischen Dämmerzustände fingen an, ihn aufzuregen. Am Anfang hatte er sie, wenn er nach Hause kam und sie ermattet und verstimmt vorfand, auf den Nakken geküßt und ihre Schultern getätschelt und sie gebeten, ihrem Herbie doch ruhig zu sagen, was schiefgelaufen war. Sie liebte das. Aber die Zeit glitt davon, und er merkte, daß niemals wirklich, ganz persönlich, etwas los gewesen war.

«Ach, Herrgott noch mal», sagte er. «Schon wieder Gemaule. Also schön, dann sitz du weiter hier rum und maul dir das Hirn weg. Ich geh solange aus.»

Und türknallend verließ er die Wohnung und kam erst spät und betrunken zurück.

Sie war völlig entgeistert, was mit ihrer Ehe passierte. Zuerst hatten sie sich doch geliebt, und jetzt waren sie, anscheinend übergangslos, Feinde. Sie verstand das nie.

Die Zeiträume zwischen seinem Weggehen aus dem Büro und seinem Eintreffen zu Hause wurden länger und länger. Sie durchlebte qualvolle Zustände, in denen sie sich ausmalte, wie er überfahren worden war und blutüberströmt und tot unter einer Plane lag. Dann verlor sie die Ängste um seine Sicherheit und wurde mürrisch und verletzt. Wenn jemand wirklich mit jemandem zusammensein wollte, dann kam er doch so schnell wie möglich. Sie wünschte sich verzweifelt, er möge doch bei ihr sein wollen; ihre eigenen Stunden bemaßen nur noch die Zeit, bis er endlich nach Hause kam. Oft war es fast neun, wenn er zum Essen erschien. Und immer hatte er schon eine Menge Drinks intus, und wenn deren Wirkung allmählich nachließ, wurde er laut und querköpfig und suchte Vorwände für Streit.

Er sei zu nervös, sagte er, um den ganzen Abend mit Rumsitzen und Nichtstun zu verbringen. Er prahlte, aber wohl nicht ganz zu Recht, er habe nie im Leben ein Buch gelesen.

«Was soll ich hier eigentlich – den ganzen Abend stramm in der Bude hocken?» fragte er pathetisch. Und dann knallte er wieder die Tür und war weg.

Sie wußte nicht, was sie tun sollte. Sie konnte nicht mit ihm klarkommen. Sie kam nicht zu ihm durch.

Sie fing an, gegen ihn zu wüten. Eine zornige Häuslichkeit hatte sie erfaßt, und sie würde sie mit Zähnen und Klauen verteidigen. Sie wollte, wie sie es nannte, ein «schönes Zuhause». Sie wollte einen nüchternen, liebevollen Mann, der rechtzeitig am Abendbrottisch saß und pünktlich bei der Arbeit war. Sie wollte nette, gemütliche Abende. Die Vorstellung vom Umgang mit anderen Männern war ihr ein Greuel; der Gedanke, daß

Herbie womöglich bei anderen Frauen Unterhaltung suchte, machte sie rasend.

Es kam ihr vor, als handelte alles, was sie las – Romane aus der Leihbuchabteilung vom Drugstore, Illustriertengeschichten, die Frauenseiten in den Zeitungen – von Ehefrauen, die die Liebe ihrer Männer verloren hatten. So etwas konnte sie immerhin noch besser ertragen als Berichte über aufgeräumte, treuergebene Ehen, glücklich bis ans Lebensende.

Sie geriet in Panik. Ein paarmal fand Herbie sie, wenn er nach Hause kam, resolut in Schale geworfen – sie mußte die Kleider, die schon etwas älter waren, ändern lassen, damit sie zugingen – und mit Rouge im Gesicht.

«Los komm, wir machen uns eine wilde Nacht, was meinst du», begrüßte sie ihn. «Man kann noch lange genug rumhängen und nichts tun, wenn man erst mal tot ist.»

Also gingen sie aus, in Eßlokale mit Musik und die etwas preiswerteren Cabarets. Aber es endete immer böse. Sie fand es nicht mehr amüsant mitanzusehen, wie Herbie trank. Sie konnte nicht mehr lachen über seine Geistreicheleien, denn sie zählte verbissen mit, wieviel er verkonsumierte. Sie war nicht mehr imstande, ihre Vorhaltungen für sich zu behalten – «Ach, nun komm, Herb, du hast jetzt genug getankt, findest du nicht? Sonst geht's dir bloß dreckig morgen früh.»

Er fing sofort an zu toben. Na bitte, Gemaule; Gemaule, Gemaule, Gemaule, Gemaule war alles, was sie zu bieten hatte. Ein lausiger Spielverderber war sie! Es gab eine Szene, und einer von beiden stand auf und stampfte wutentbrannt hinaus.

Sie konnte sich nicht auf den Tag genau erinnern, wann sie selbst zu trinken anfing. Ihre Tage gingen gleichförmig dahin. Wie Tropfen an einer Fensterscheibe, so rollten sie ineinander und sickerten davon. Sie war sechs Monate verheiratet; dann ein Jahr; dann drei Jahre.

Früher hatte sie nie zu trinken brauchen. Sie hatte den größten Teil des Abends an einem Tisch, an dem alle anderen inbrünstig becherten, sitzen können, ohne an Aussehen oder Laune einzubüßen noch sich zu langweilen bei dem, was um sie herum vorging. Wenn sie auch mal einen Cocktail nahm, war das so ungewöhnlich, daß es mindestens zwanzig Minuten lang witzig kommentiert wurde. Aber jetzt saß der Schmerz in ihr drin.

Nach einem Streit blieb Herbie häufig über Nacht weg, und sie konnte nie herausbekommen, wo er die Zeit verbracht hatte. Ihr Herz fühlte sich eng und wund an in der Brust, und ihr Kopf drehte sich wie ein elektrischer Ventilator.

Sie haßte den Geschmack von Schnaps. Von Gin, ob pur oder gemixt, wurde ihr augenblicklich schlecht. Nach ein paar Versuchen fand sie, daß Scotch Whisky ihr am besten bekam. Sie nahm ihn ohne Wasser, er wirkte dann am schnellsten.

Herbie drängte ihn ihr geradezu auf. Er war froh, daß sie trank. Sie hofften beide, es würde ihre sprudelnde Laune zurückbringen und sie würden wieder schöne Zeiten zusammen haben.

«Jawollja», applaudierte er. «Zeig mal, wie du dir einen in die Birne haust, Puppe.»

Aber es brachte sie nicht näher zusammen. Wenn sie mit ihm trank, gab es eine kurze Zeit Fröhlichkeit, und dann gerieten sie in wilde Streitereien, die komischerweise keinen Anlaß hatten. Am nächsten Morgen wachten sie auf und wußten nicht mehr so genau, worum es eigentlich gegangen war, hatten nebulöse Erinnerungen an das, was sie alles gesagt und getan hatten, waren aber beide zutiefst beleidigt und nahmen bitter übel. Es folgten Tage vergeltungsvollen Schweigens.

Es hatte einmal Zeiten gegeben, da hatten sie die Kräche wieder beilegen können, gewöhnlich im Bett. Dort hatte es Küsse und Kosenamen und Schwüre gegeben, noch einmal ganz neu anzufangen ... «Oh, von jetzt an wird alles wunderbar, Herbie. Wir werden tolle Zeiten haben. Ich hab zuviel gemault. Ich muß wohl müde gewesen sein. Aber jetzt wird alles toll. Du wirst sehen.»

Inzwischen gab es keine zärtlichen Versöhnungen mehr. Auch freundschaftliche Beziehungen schafften sie nur noch während der kurzen großmütigen Phasen, die der Schnaps bewirkte, bevor noch mehr Schnaps sie in die nächste Schlacht riß. Die Szenen wurden immer gewalttätiger. Beschimpfungen wurden laut herausgeschrien, es gab Püffe und manchmal schallende Ohrfeigen. Einmal hatte sie ein blaues Auge. Herbie war am nächsten Tag gehörig erschrocken, wie sie aussah. Er ging nicht zur Arbeit; er scharwenzelte um sie herum und schlug Heilmethoden vor und häufte düstere Vorwürfe auf sich. Aber als sie erst wieder getrunken hatten – «um sich zusammenzureißen» –, spielte sie ständig so wehmütig auf ihren Bluterguß an, bis er sie anschrie und hinausstürmte und zwei Tage verschwunden blieb.

Jedesmal wenn er die Wohnung in einem Wutanfall verließ, drohte er, nie wiederzukommen. Sie glaubte ihm nicht, noch erwog sie eine Trennung. Irgendwo in ihrem Kopf oder in ihrem Herzen war eine träge, nebelhafte Hoffnung, daß die Dinge sich ändern und sie und Herbie ganz plötzlich wieder ins wohlige Eheleben zurückfinden würden. Hier war doch ihr Zuhause, ihre Möbel, ihr Mann, ihr Halt. Sie zerbrach sich nicht den Kopf über andere Möglichkeiten.

Sie konnte jetzt nicht mehr schalten und walten. Sie hatte keine Tränen mehr übrig für andere; die heißen Tropfen, die sie vergoß, waren für sie selbst. Sie lief rastlos in den Zimmern herum, und ihre Gedanken kreisten mechanisch und ausschließlich um Herbie. In jenen Tagen begann der Haß auf das Alleinsein, den sie nie mehr überwinden sollte. Man konnte für sich sein, wenn alles in Ordnung war, aber wenn es einem dreckig ging, bekam man das heulende Elend.

Sie fing an, allein zu trinken, kleine, kurze Drinks über den ganzen Tag verteilt. Nur mit Herbie zusammen machte der Alkohol sie

nervös und angriffslustig. Allein, verwischte
er die scharfen Konturen von allem. Sie lebte
in einem Nebel aus Sprit. Ihr Leben nahm
traumartige Züge an. Nichts war mehr verwunderlich.

Eine Mrs. Martin zog in die gegenüberliegende Wohnung auf ihrer Etage. Sie war eine
beeindruckende Blondine von vierzig und
ließ das Alter, das Mrs. Morse noch bevorstand, schon durchblicken. Sie machten sich
bekannt und wurden rasch unzertrennlich.
Mrs. Morse verbrachte ihre Tage in der
Wohnung gegenüber. Sie tranken gemeinsam, um sich wieder aufzurappeln nach den
Drinks der vergangenen Nächte.

Sie vertraute Mrs. Martin ihren Kummer
mit Herbie nie an. Das Thema war viel zu
heikel, als daß Reden sie erleichtert hätte. Sie
schürte die Vermutung, daß die Geschäfte ihren Mann oft von zu Hause fernhielten. Es
hatte ohnehin keine Bedeutung; Ehemänner
als solche spielten in Mrs. Martins Kreisen
nur eine Schattenrolle.

Mrs. Martin hatte keinen sichtbaren Gatten; die Entscheidung, ob er vielleicht tot
war, blieb einem selbst überlassen. Sie hatte
einen Bewunderer, Joe, der sie fast jeden
Abend besuchte. Oft brachte er ein paar

Freunde mit – «die Jungs». Die Jungs waren füllige Männer mit roten Gesichtern und viel Humor, vielleicht fünfundvierzig, vielleicht fünfzig. Mrs. Morse war froh, zu ihren Parties eingeladen zu werden – Herbie war jetzt abends kaum noch zu Hause. Kam er doch mal, ging sie eben nicht zu Mrs. Martin. Ein Abend mit Herbie bedeutete unweigerlich Streit, trotzdem blieb sie bei ihm. Noch immer hatte sie die schwache, unausgesprochene Vorstellung, daß sich vielleicht gerade an diesem Abend alles zum Guten wenden könnte.

Die Jungs hatten immer eine Menge Schnaps dabei, wenn sie Mrs. Martin besuchen kamen. Und wenn sie mit ihnen trank, wurde Mrs. Morse lebhaft und gutmütig und kühn. Sie war bald sehr beliebt. Wenn sie genug getrunken hatte, um ihre jüngste Schlacht mit Herbie im Nebel versinken zu lassen, nahm sie angeregt wahr, wie sehr man sie schätzte. Sie und Maulen? Sie und Spielverderber? Nun, es gab einige Leute, die sahen das anders.

Ed war einer von den Jungs. Er lebte in Utica – war «sein eigener Chef», wie ehrfürchtig berichtet wurde –, kam aber fast jede Woche nach New York. Er war verheiratet. Er zeigte Mrs. Morse die gerade aktuellen Fotografien von seinem Junior und dessen Schwesterchen, und sie fand überschwengliche und aufrichtige lobende Worte. Bald war für die anderen klar, daß Ed ihr spezieller Freund war.

Er schenkte ihr den ersten Einsatz, wenn sie alle pokerten; saß dicht neben ihr und rieb gelegentlich während des Spiels sein Knie an ihrem. Sie hatte ziemlich viel Glück. Oft kam sie mit einer Zwanzig- oder Zehn-Dollar-Note oder einer Handvoll zerknüllter Dollarscheine nach Hause. Sie war froh darüber. Herbie wurde, wie sie es nannte, immer zickiger mit Geld. Ihn darum zu bitten beschwor sofort einen Krach herauf.

«Was zum Teufel machst du eigentlich damit?» sagte er. «Spülst es wohl in Whisky weg, was?»

«Ich gebe mir Mühe, hier einen halbwegs netten Haushalt zu führen», schoß sie zurück. «Auf die Idee bist du wohl noch gar nicht gekommen, was? O nein, von so was wird der Herr ja nicht behelligt.»

Und wieder konnte sie keinen bestimmten Tag nennen, an dem sie angefangen hatte, in Eds Besitz überzugehen. Er machte es sich zur Sitte, sie auf den Mund zu küssen, sowie er hereinkam, und desgleichen zum Abschied, und gab ihr auch während des ganzen Abends flüchtige Anerkennungsküßchen. Sie mochte es, jedenfalls mehr, als sie es nicht mochte. Sie dachte nie an seine Küsse, wenn sie nicht bei ihm war.

Er ließ seine Hand auch verweilend über ihren Rücken und ihre Schultern gleiten.

«'ne scharfe Blondine, häh?» sagte er. «'ne tolle Puppe.»

Eines Nachmittags kam sie von Mrs. Martin und fand Herbie im Schlafzimmer vor. Er war einige Nächte weggewesen, offensichtlich auf einer ausgedehnten Zechtour. Er war grau im Gesicht, und seine Hände zuckten, als wären sie an Strom angeschlossen. Auf dem Bett lagen zwei alte Koffer, bis oben hin vollgepackt. Nur ihr Foto stand noch auf seiner Kommode, und die aufgerissenen Türen seines Wandschranks offenbarten nichts als Kleiderbügel.

«Ich zieh Leine», sagte er. «Hab die ganze Schufterei satt. Kriege eine Stelle in Detroit.»

Sie setzte sich auf die Bettkante. Sie hatte die letzte Nacht eine Menge getrunken, und die vier Scotchs bei Mrs. Martin hatten sie nur noch mehr benebelt.

«Gute Sache?» sagte sie.

«Och, ja», sagte er. «Sieht ganz nett aus.»

Er machte einen Koffer zu, unter Mühen und leise vor sich hin fluchend.

«Da ist noch Kies auf der Bank», sagte er. «Das Scheckbuch liegt in deiner obersten Schublade. Du kannst die Möbel und den anderen Kram behalten.»

Er sah sie an, und seine Stirn zuckte.

«Verdammt noch mal, ich hab die Schnauze voll, kann ich dir sagen», schrie er. «Gestrichen voll.»

«Na schön, na schön», sagte sie. «Ich kann dich schließlich hören, oder?»

Sie sah ihn an, als säße er an einem Ende einer Kanone und sie am anderen. Sie bekam dröhnende Kopfschmerzen, und ihre Stimme nahm einen düsteren, verschlafenen Klang an. Sie schaffte es nicht, fröhlicher zu klingen.

«Willst du noch einen trinken, bevor du gehst?» fragte sie.

Wieder sah er sie an, und ein Mundwinkel zuckte nach oben.

«Mal wieder hackevoll zur Abwechslung, was?» sagte er. «Wie nett. Klar, schenk uns einen ein, los.»

Sie ging zur Speisekammer, mixte für ihn einen steifen Highball, kippte sich selbst einen kräftigen Schluck Whisky ins Glas und trank es leer. Dann goß sie sich noch eine Portion ein und brachte die Gläser ins Schlafzimmer. Er hatte jetzt beide Koffer verschnürt und Hut und Mantel schon angezogen.

Er nahm seinen Highball.

«Na dann», sagte er und stieß plötzlich ein unsicheres Lachen aus. «Dann Hals- und Beinbruch.»

«Hals- und Beinbruch», sagte sie.

Sie tranken aus. Er stellte sein Glas ab und nahm die schweren Koffer hoch.

«Muß den Zug um sechs noch kriegen», sagte er.

Sie brachte ihn in den Flur. Ein Lied, ein Lied, das Mrs. Martin hartnäckig auf dem Grammophon spielte, ging ihr laut durch den Kopf. Sie hatte es nie leiden können.

> *Bei Sonne und Mond*
> *Immer Spiel und Spaß*
> *Sag, hat sich's nicht gelohnt?*

An der Tür stellte er die Koffer ab und sah ihr ins Gesicht.

«Also dann», sagte er. «Also, paß auf dich auf. Du wirst's schon machen, was?»

«Und wie», sagte sie.

Er öffnete die Tür, kam dann noch einmal zurück und streckte die Hand aus.

«Tschüs, Haze», sagte er. «Viel Glück für dich.»

Sie nahm seine Hand und schüttelte sie.

«Den Seinen nimmt's der Herr im Schlaf», sagte sie.

Als sich die Tür hinter ihm geschlossen hatte, ging sie zurück zur Speisekammer.

Sie war aufgekratzt und lebhaft, als sie abends zu Mrs. Martin kam. Die Jungs waren auch da. Mit Ed. Er war froh, in der Stadt zu sein, und er war durstig und laut und hatte einen Stapel Witze auf Lager. Aber sie nahm ihn eine Minute still beiseite.

«Herbie hat heute Leine gezogen», sagte sie. «Geht in den Westen.»

«Ah ja?» sagte er. Er sah sie an und spielte mit dem Füllhalter, der an seiner Westentasche klemmte.

«Denkst du, der ist für immer weg, was?» fragte er.

«Ja», sagte sie. «Ich weiß es. Ich weiß. Ja.»

«Bleibst du trotzdem gegenüber wohnen?» sagte er. «Schon Pläne, was du machen willst?»

«Huh, ich weiß nicht», sagte sie. «Ist mir auch ziemlich wurscht.»

«Na hör mal, so was sagt man aber nicht», belehrte er sie. «Weißt du, was – du brauchst einen Schluck Whisky. Was sagst du dazu?»

«Hm, ja», sagte sie. «Einfach pur.»

Sie gewann dreiundvierzig Dollar beim Pokern. Als das Spiel zu Ende war, brachte Ed sie zu ihrer Wohnung.

«Küßchen für mich über?» fragte er.

Er riß sie in seine massigen Arme und küßte sie roh. Sie ließ alles über sich ergehen. Er hielt sie von sich weg und sah sie an.

«Bißchen weggetreten, Süße?» fragte er ärgerlich. «Wirst mir doch nicht krank?»

«Ich?» sagte sie. «Mir geht's toll.»

II

Als Ed am nächsten Morgen ging, nahm er ihr Foto mit. Er sagte, er wollte gern ein Foto von ihr, zum Angucken, oben in Utica. «Du kannst das auf der Kommode haben», sagte sie.

Sie legte Herbies Foto in die Schublade, aus dem Blick. Als sie es einmal ansehen konnte, hätte sie es am liebsten zerrissen. Es gelang ihr ziemlich gut, ihre Gedanken nicht dauernd um ihn kreisen zu lassen. Whisky drosselte das Kreisen. Sie war fast friedlich in ihrem Nebelschleier.

Sie nahm die Beziehung mit Ed hin ohne Fragen und ohne Begeisterung. Wenn er fort war, dachte sie selten wirklich an ihn. Er war gut zu ihr; er brachte ihr häufig Geschenke mit und zahlte regelmäßig Unterhalt. Sie konnte sogar etwas davon sparen. Sie plante zwar nie über den Tag hinaus, aber sie brauchte nicht viel, und Geld konnte man ebensogut auf die Bank bringen, anstatt es herumliegen zu lassen.

Als der Mietvertrag für ihre Wohnung ablief, schlug Ed einen Umzug vor. Seine freundschaftlichen Beziehungen zu Mrs. Martin und Joe waren gespannt wegen einer Kontroverse beim Poker; eine Fehde lag in der Luft.

«Zum Teufel, laß uns hier raus», sagte Ed. «Was du brauchst, ist ne Wohnung an der Grand Central Station. Ist leichter für mich.»

Also nahm sie eine kleine Wohnung in den Vierziger Straßen. Ein farbiges Mädchen kam täglich zum Putzen und Kaffeekochen – sie hatte «den ganzen Haushaltskram satt», sagte sie, und Ed, der seit zwanzig Jahren mit einer passionierten Hausfrau verheiratet war, bewunderte diese romantische Nutzlosigkeit und fühlte sich doppelt als Mann von Welt, indem er sie förderte.

Kaffee war alles, was sie zu sich nahm, bis sie abends essen ging, aber der Alkohol bewirkte, daß sie fett blieb. Die Prohibition, das war für sie lediglich Stoff für Witze. Man kam immer an alles ran, was man brauchte. Sie war nie auffallend betrunken und selten auch nur fast nüchtern. Es bedurfte eines immer größeren täglichen Quantums, damit sie ihren Nebelkopf behielt. War es zu klein, wurde sie ganz schmerzvolle Melancholie.

Ed führte sie bei Jimmy's ein. Es war sein Stolz, wie der aller Durchreisenden, die man glatt für Einheimische halten würde, daß er stets die allerneuesten kleinen Eßkneipen in den unteren Etagen von schäbigen Miethäusern kannte; Orte, an denen man, wenn man den Namen eines eingeführten Freundes fallenließ, merkwürdigen Whisky und frischen Gin in sämtlichen Spielarten bekam. Jimmy's war die Lieblingskneipe seiner Bekannten.

Dort lernte Mrs. Morse, durch Ed, viele Männer und Frauen kennen und schloß rasch Freundschaften. Die Männer führten sie oft aus, wenn Ed in Utica war. Und er war stolz auf ihre Beliebtheit.

Sie gewöhnte sich an, allein zu Jimmy's zu gehen, wenn sie keine andere Verabredung hatte. Mit Sicherheit traf sie dort Leute, die sie kannte, und sie konnte sich zu ihnen setzen. Der Club war so recht für ihre Freunde, und zwar Männer wie Frauen.

Die Frauen bei Jimmy's sahen sich bemerkenswert ähnlich, und das war eigentlich seltsam, denn Zwiste, Umzüge und einträglichere Geschäfte anderswo sorgten für einen ständigen Wechsel in der Gruppe. Doch immer sahen die neuen Frauen genauso aus wie die abgelösten. Sie hatten alle eine schwere, starke Figur und breite Schultern und reichlich Busen und Gesichter aus dicken, weichen, lebhaft getönten Fleischschichten. Sie lachten laut und gern und bleckten dabei Zähne, die dunkel und glanzlos wie Steingutklumpen waren. Sie strahlten alle die Gesundheit der Beleibten aus, und dennoch hatten sie einen leicht kränklichen Anflug von beharrlicher Konservierung. Sie waren vielleicht sechsunddreißig oder fünfundvierzig oder alles dazwischen.

Ihre Titel setzten sie aus den eigenen Vornamen und den Nachnamen ihrer Ehemänner zusammen – Mrs. Florence Miller, Mrs. Vera Riley, Mrs. Lilian Block. Das suggerierte gleichzeitig die Festigkeit der Ehe und den Glanz der Freiheit. Aber nur eine oder zwei waren tatsächlich geschieden. Die meisten sprachen einfach nie über die verblaßten Gatten; manche, die erst kurz getrennt lebten, beschrieben sie in Begriffen von großer biologischer Anschaulichkeit. Ein paar Frauen hatten Kinder, aber immer nur jeweils eins – einen Jungen, der irgendwo im Internat war, ein Mädchen, das von einer Großmutter gehütet wurde. Oft, wenn es schon zügig auf den Morgen zuging, wurden Kodak-Porträts und Tränen gezeigt.

Es waren behagliche Frauen, herzlich und freundlich und von einer unverwüstlichen Matronenhaftigkeit. Sie waren die Gelassenheit in Person. Ihrem Schicksal ergeben, vor allem bei Geldangelegenheiten, klagten sie nicht. Wann immer ihre Finanzen bedrohlich knapp wurden, tauchte ein neuer Spender auf; so war es immer gewesen. Jede hatte das Ziel, den einen einzigen Mann abzukriegen, den auf Dauer, der für sie die Rechnungen bezahlte und für den sie im Gegenzug sofort alle Bewunderer aufgegeben hätte, den sie

vermutlich sogar bald ungemein fabelhaft
fände; denn ihre Zuneigungen waren mitt-
lerweile anspruchslos und geruhsam geworden und leicht zu bewerkstelligen. Letzteres
allerdings wurde Jahr für Jahr schwieriger.
Mrs. Morse hatte aller Meinung nach ausgesprochen Glück gehabt.

Für Ed war es ein erfolgreiches Jahr, er er-
höhte ihren Unterhalt und schenkte ihr einen
Seehundmantel. Aber sie mußte auf ihre
Stimmungen aufpassen, wenn er da war. Er
bestand auf Fröhlichkeit. Er hörte gar nicht
erst hin, wenn sie ihm mit Schmerzen oder
düsterer Erschöpftheit kam.

«Du, hör mal zu», sagte er dann, «ich hab
meine eigenen Sorgen, und zwar nicht zu
knapp. Kein Mensch will die Probleme von
andern Leuten anhören, Schätzchen. Alles,
was man von dir verlangt, ist, daß du kein
Spielverderber bist und sie vergißt. Kapiert?
Na komm, nun rück schon ein kleines Lächeln raus. So ist's brav.»

Sie hatte nie genug Anteilnahme, um sich
mit ihm zu streiten wie mit Herbie, aber sie
hätte auch gern das Recht auf offensichtliche
Traurigkeit für sich in Anspruch genommen.
Die anderen Frauen, die sie traf, brauchten
ihre Launen nicht niederzukämpfen. Mrs.

Florence Miller zum Beispiel bekam regelmäßig Heulkoller, und die Männer standen sofort Schlange, um sie aufzumuntern und zu trösten. Die anderen füllten ganze Abende mit schmerztriefenden Vorträgen über ihre Kümmernisse und Krankheiten; und ihre Begleiter äußerten stets tiefstes Mitgefühl. Aber sie machte sich sofort unerwünscht, wenn sie bedrückt war. Einmal, bei Jimmy's, hatte sie es nicht geschafft, wieder lebhaft zu werden, und Ed war einfach gegangen und hatte sie sitzengelassen.

«Warum zum Teufel bleibst du nicht zu Hause, anstatt allen Leuten den Abend zu verderben?» hatte er gepoltert.

Sogar die flüchtigsten Bekannten wirkten gereizt, wenn sie mal nicht demonstrativ leichten Herzens war.

«Was ist denn mit *dir* los?» sagten sie dann. «Sei nicht kindisch, nein? Trink 'n Schluck und reiß dich am Riemen.»

Als ihre Beziehung mit Ed drei Jahre gedauert hatte, zog er um nach Florida. Er verließ sie nur sehr ungern; er ließ ihr einen dicken Scheck und ein paar gesunde Aktien da, und seine bleichen Augen wurden beim Abschied feucht. Sie vermißte ihn nicht. Er kam nur noch selten nach New York, vielleicht ein-, zweimal pro Jahr, und immer gleich vom Zug zu ihr. Sie freute sich jedesmal, wenn er kam, und es tat ihr nie leid, wenn er wieder ging.

Charley, einer von Eds Bekannten, den sie von Jimmy's kannte, hatte sie schon lange bewundert. Er hatte auch immer Gelegenheit gefunden, sie anzufassen und sich beim Reden dicht an sie zu lehnen. Er fragte ständig sämtliche Freunde, ob sie schon je eine Frau gehört hätten, die so wunderbar lachen konnte wie sie. Nach Eds Wegzug wurde Charley zur Hauptfigur ihres Lebens. Sie stufte ihn als «gar nicht übel» ein und sagte das auch laut. Mit Charley dauerte es fast ein Jahr; dann teilte sie ihre Zeit zwischen ihm und Sidney, ebenfalls Stammgast bei Jimmy's; und dann verschwand Charley ganz von der Bildfläche.

Sidney war ein kleiner, bunt gekleideter, gescheiter Jude. Mit ihm kam sie vielleicht am dichtesten an Zufriedenheit heran. Er amüsierte sie immer; sie brauchte sich nie zum Lachen zu zwingen.

Er bewunderte sie völlig. Ihre Weichheit und ihre Ausmaße fand er köstlich. Und er fand sie selbst großartig, das sagte er ihr oft, weil sie fröhlich und lebhaft war, sogar betrunken.

«Ich hatte mal ne Kleine», sagte er, «die wollte ewig aus dem Fenster hüpfen, wenn sie einen in der Krone hatte. Jessas, nee», fügte er gefühlvoll hinzu.

Dann heiratete Sidney eine reiche Braut mit Argusaugen, und dann kam Billy. Nein – nach Sidney kam zuerst Fred, dann Billy. In ihrer vernebelten Erinnerung wußte sie nie, wie viele Männer in ihr Leben getreten und daraus verschwunden waren. Es gab keine Überraschungen mehr. Sie empfand weder Schauer, wenn sie kamen, noch Trauer, wenn sie gingen. Sie schien immer noch jeden Mann anziehen zu können. Zwar war nie wieder einer so reich wie Ed, aber großzügig zu ihr waren sie alle, nach ihren Mitteln.

Einmal hörte sie Neuigkeiten von Herbie. Sie traf Mrs. Martin beim Essen bei Jimmy's, und die alte Freundschaft wurde stürmisch erneuert. Der Immernoch-Bewunderer Joe hatte ihn während einer Geschäftsreise gesehen. Herbie hatte sich in Chicago niedergelassen, er sah prächtig aus, er lebte mit einer Frau zusammen – schien verrückt nach der zu sein. Mrs. Morse hatte an dem

Tag kräftig getrunken. Sie nahm die Neuigkeit mit gedämpftem Interesse auf, wie jemand, der etwas über die Bettgeschichten von irgendwem anders hört, dessen Name ihm, nach kurzem Grübeln, bekannt vorkommt.

«Verdammt, das muß fast sieben Jahre her sein, seit ich ihn zuletzt gesehen hab», kommentierte sie. «Huh, sieben Jahre.»

Mehr und mehr verloren ihre Tage an Eigenheit. Sie wußte nie, welches Datum oder welcher Wochentag gerade war.

«Mein Gott, das ist ein Jahr her!» rief sie aus, wenn das Gespräch auf irgendein Ereignis kam.

Sie war die meiste Zeit müde. Müde und elend. Fast alles bot ihr Anlaß, sich elend zu fühlen. Diese alten Pferde, die sie auf der Sixth Avenue sah – wie sie sich die Schienen entlangkämpften oder ausrutschten, oder wie sie am Bordstein standen und die Köpfe so tief hängen ließen, daß sie auf einer Höhe mit den zerschundenen Knien waren. Sofort brachen ihr die tief unten aufgestauten Tränen aus den Augen, während sie schwankend versuchte, hinter ihren schmerzenden Füßen in den viel zu kurzen champagnerbeigen Stöckelschuhen herzukommen.

Der Gedanke an den Tod tauchte auf und blieb bei ihr und verlieh ihr eine Art dösiger Heiterkeit.

Es war kein bestimmter oder schockartiger Augenblick, als sie zum ersten Mal daran dachte, sich umzubringen; es kam ihr vor, als hätte sie die Idee immer schon gehabt. Sie stürzte sich jetzt auf alle Artikel über Selbsttötungen. Es gab eine regelrechte Freitodseuche – oder vielleicht suchte sie auch nur so gierig nach solchen Geschichten und stieß deshalb auf so viele. Darüber zu lesen gab ihr wieder Sicherheit; sie empfand behagliche Solidarität mit der großen Gemeinschaft der freiwillig Toten.

Sie schlief, dank Whisky, bis spät in den Nachmittag und blieb dann im Bett liegen, Flasche und Glas griffbereit, bis es Zeit wurde, sich anzuziehen und essen zu gehen. Allmählich entwickelte sie verwirrtes, leises Mißtrauen gegen den Alkohol, wie gegen einen Freund, der einem einen Gefallen einfach nicht tun will. Whisky hielt sie noch immer die meiste Zeit ruhig, aber es gab inzwischen plötzliche, unerklärliche Augenblicke, in denen die Nebelwolke wie im Verrat von ihr abfiel und die Sorge und die Verworrenheit und die Plage allen Lebens an ihr sägten.

Wollüstig spielte sie mit dem Gedanken an einen ruhigen, schlafartigen Rückzug. Religiöser Glaube hatte sie nie belästigt, und keine Vision des Lebens nach dem Tode schreckte sie ab. Sie träumte am hellichten Tag davon, nie wieder enge Schuhe anziehen zu müssen, nie wieder lachen und zuhören und bewundern zu müssen, nie wieder kein Spielverderber zu sein. Nie wieder.

Aber wie stellt man das an? Ihr wurde schon bei dem Gedanken an Sprünge aus großen Höhen übel. Sie konnte Pistolen nicht ausstehen. Im Theater hielt sie sich immer, sobald auf der Bühne jemand eine Pistole zog, die Ohren zu und traute sich nicht mehr hinzusehen, bis der Schuß endlich gefallen war. Gas gab es nicht in ihrer Wohnung. Sie betrachtete eingehend die schönen blauen Venen an ihren schmalen Handgelenken – ein Schnitt mit einer Rasierklinge, und damit hätte sich's. Aber es würde weh tun, höllisch weh tun, und sie würde Blut sehen müssen. Gift – irgendwas Geschmackloses und Schnelles und Schmerzloses –, das war es. Aber das bekam man nicht im Drugstore, wegen der Gesetze.

Sie dachte nur noch an wenig anderes.

Es gab inzwischen einen neuen Mann –

Art. Er war klein und fett und anspruchsvoll und stellte ihre Geduld auf eine harte Probe, wenn er betrunken war. Vor ihm hatte es eine Zeitlang nur Gelegenheitsaffären gegeben, und etwas Stabilität war ihr willkommen. Außerdem mußte Art wochenlang weg, Seide verkaufen, und das war sehr erholsam. Sie war einnehmend fröhlich mit ihm zusammen, obwohl ihr die Anstrengung zusetzte.

«Absolut kein Spielverderber», brummelte er tief unten an ihrem Nacken. «Mit dir kann man Pferde stehlen.»

Eines Abends, als er sie zu Jimmy's ausgeführt hatte, ging sie mit Mrs. Florence Miller auf die Toilette. Dort tauschten sie, während sie sich die gekräuselten Münder mit Rouge nachzogen, ihre Erfahrungen in Sachen Schlaflosigkeit aus.

«Also wirklich», sagte Mrs. Morse, «ich würde kein Auge zutun, wenn ich nicht voll Scotch ins Bett ginge. Ich liege nur rum und wälze mich hin und her. Das reine Elend! Das ist das reine Elend, so wach zu liegen!»

«Sag mal, hör mal, Hazel», sagte Mrs. Miller resolut, «ich sage dir, ich würde ein geschlagenes Jahr wachliegen, wenn ich kein Veronal hätte. Von dem Zeug schläfst du wie ein Idiot.»

«Ist das nicht Gift oder so was?» fragte Mrs. Morse.

«Oh, nimm zuviel davon, und sie zählen dich aus», sagte Mrs. Miller. «Ich nehme immer nur dreißig Milligramm – das gibt's als Tabletten. Ich hätte Schiß, Dummheiten damit zu machen. Aber dreißig Milligramm, davon sackst du richtig schön weg.»

«Kriegt man das irgendwo?» Mrs. Morse fühlte sich herrlich machiavellianisch.

«Kriegst doch alles, was du brauchst, in New Jersey», sagte Mrs. Miller. «Hier geben sie's einem ja nicht ohne Rezept. Fertig? Wir sollten mal wieder reingehen und nachsehen, was die Jungs so treiben.»

An jenem Abend brachte Art Mrs. Morse nur bis zur Wohnungstür; seine Mutter war in der Stadt. Mrs. Morse war noch nüchtern, und ausgerechnet jetzt war kein Whisky mehr in ihrem Schrank. Sie lag im Bett und starrte nach oben an die Decke.

Sie stand für ihre Verhältnisse früh auf und fuhr nach New Jersey. Sie war nie mit der Untergrundbahn gefahren und kannte sich damit nicht aus. Deshalb fuhr sie zur Pennsylvania Station und löste einen Eisenbahnfahrschein nach Newark. Sie dachte während der Fahrt an nichts Bestimmtes. Sie betrachtete die einfallslosen Hüte der Frauen um sich herum und starrte durch das verschmierte Fenster auf die flache, sandige Landschaft.

In Newark verlangte sie im ersten Drugstore, an dem sie vorbeikam, eine Dose Körperpuder, eine Nagelbürste und eine Schachtel Veronal-Tabletten. Puder und Bürste sollten dem Schlafmittel den Anschein von etwas zufällig Benötigtem geben. Der Verkäufer war völlig gleichgültig. «Wir haben nur Fläschchen», sagte er und packte ihr ein Glasröhrchen mit übereinandergestapelten weißen Tabletten ein.

Sie ging in eine zweite Drogerie und kaufte einen Waschlappen fürs Gesicht, ein Orangenholzstäbchen für die Nagelhaut und ein Röhrchen Veronal-Tabletten. Der Verkäufer nahm ebensowenig Notiz.

Na dann, jetzt hab ich wohl genug, um einen Ochsen umzubringen, dachte sie und ging zurück zum Bahnhof.

Zu Hause legte sie die Röhrchen in die Schublade ihres Toilettentischs und sah sie verträumt-liebevoll an. «Da liegen sie, Gott segne sie», sagte sie, küßte ihre Fingerspitzen und tippte damit auf jedes Röhrchen.

Das farbige Mädchen war im Wohnzimmer beschäftigt.

«Tag, Nettie», rief Mrs. Morse. «Seien Sie ein Engel, ja? Laufen Sie eben rüber zu Jimmy's, und holen Sie mir eine Literflasche Scotch.»

Sie summte, während sie wartete, daß das Mädchen zurückkam.

In den nächsten paar Tagen tat der Whisky ihr wieder so liebevoll seine Dienste wie damals, als sie zuerst Zuflucht zu ihm genommen hatte. Allein war sie gedämpft und vernebelt, bei Jimmy's war sie die Fröhlichste von allen. Art fand sie köstlich.

Dann, eines Abends, war sie mit Art zu einem vorgezogenen Essen bei Jimmy's verabredet. Er mußte gleich danach auf Geschäftsreise und würde eine Woche wegbleiben. Mrs. Morse hatte den ganzen Nachmittag getrunken; während sie sich zum Ausgehen anzog, spürte sie, wie sich ihre verdöste Stimmung angenehm hob. Aber kaum trat sie auf die Straße, war die Wirkung des Whiskys schlagartig hin, und sie wurde von einer zähen, zermürbenden Erbärmlichkeit beschlichen, die so entsetzlich war, daß sie schwankend auf dem Bürgersteig stehenbleiben mußte und keinen Schritt vorwärtskam. Es war eine graue Nacht mit hinterhältigen, dünnen Schneewehen, und die Straßen glänzten dunkel vom Eis. Als sie langsam die Sixth Avenue überquerte, vorsichtig einen Fuß hinter dem anderen herschleifend, ging ein dickes, narbiges Pferd, das eine brüchige Expreßkutsche zog, krachend vor ihr in die Knie. Der Kutscher fluchte und brüllte und peitschte wie wahnsinnig auf das Tier ein und holte bei jedem Schlag von hinter der Schulter aus, während das Pferd sich abstrampelte, um auf dem glitschigen Asphalt wieder Fuß zu fassen. Die Leute strömten zusammen und sahen neugierig zu.

Art wartete bereits, als Mrs. Morse bei Jimmy's eintraf. «Was ist denn mit dir los, um Gottes willen?» war seine Begrüßung.

«Ich hab ein Pferd gesehen», sagte sie. «Huh, ich – man hat ja noch Mitleid mit Pferden. Ich – es sind ja nicht bloß Pferde. Alles ist irgendwie grauenhaft, nicht? Ich kann mir nicht helfen, ich bin am Boden.»

«Ah, am Boden, guck mal an», sagte er. «Was soll dieses Gemecker eigentlich? Was hast du überhaupt am Boden verloren?»

«Ich kann nicht anders», sagte sie.

«Ah, sie kann nicht anders, guck mal an», sagte er. «Reiß dich gefälligst zusammen, ja? Komm, setz dich hin und zieh dir 'n anderes Gesicht an.»

Sie trank beflissen und gab sich redlich Mühe, aber sie kam über ihre Melancholie nicht hinweg. Andere Leute setzten sich zu ihnen und ließen sich über ihren Trübsinn aus, und sie konnte ihnen nicht mehr anbieten als ein schwaches Lächeln. Sie tupfte verstohlen mit dem Taschentuch an den Augen herum und versuchte, immer Augenblicke abzupassen, in denen es niemand sah, aber Art erwischte sie ein paarmal und warf ihr drohende Blicke zu und rutschte auf seinem Stuhl hin und her.

Als es Zeit für seinen Zug war, sagte sie, sie ginge auch, und zwar nach Hause.

«Gar keine schlechte Idee», sagte er. «Sieh zu, daß du dir das wegschläfst. Ich seh dich Donnerstag. Um Gottes willen, mach, daß du bis dahin wieder fröhlich bist, ja?»

«Ja», sagte sie. «Bin ich.»

Im Schlafzimmer zog sie sich angespannt hastig aus, nicht mit den sonstigen langsamen unsicheren Bewegungen. Sie zog ihr Nachthemd an, nahm das Haarnetz ab und fuhr sich kurz mit dem Kamm durch die spröden, vielfarbigen Haare. Dann nahm sie die beiden Röhrchen aus der Schublade und trug sie ins Badezimmer. Das splitternde Elend war von ihr gewichen, und jetzt verspürte sie die schnelle Erregung von jemandem, der gleich ein erhofftes Geschenk bekommt.

Sie nahm die Korken von den Röhrchen, füllte ein Glas mit Wasser und stand mit einer Tablette zwischen den Fingern vor dem Spiegel. Plötzlich machte sie eine anmutige Verbeugung vor ihrem Spiegelbild und hob das Glas.

«Na dann, Hals- und Beinbruch», sagte sie.

Die Tabletten waren unangenehm zu schlucken und trocken und staubig und blieben auf halbem Weg im Hals stecken. Sie brauchte sehr lange, bis sie alle zwanzig runter hatte. Sie stand da und musterte ihr Spiegelbild mit tiefem, unpersönlichem Interesse und studierte die würgenden Bewegungen an ihrer Gurgel. Wieder sprach sie laut. «Um Gottes willen, mach, daß du bis Donnerstag wieder fröhlich bist, ja?» sagte sie. «Na, du weißt, was der mich kann. Der und die ganze Bagage.»

Sie hatte keine Ahnung, wie schnell Veronal wirken sollte. Als sie die letzte Tablette geschluckt hatte, stand sie unsicher da und fragte sich, noch immer mit höflichem, entrücktem Interesse, ob der Tod sie wohl auf der Stelle ereilte. Sie fühlte sich überhaupt nicht eigenartig, abgesehen von den leichten Übelkeitsschüben wegen des anstrengenden Schluckens, auch ihr Gesicht im Spiegel sah gar nicht verändert aus. Also passierte es nicht sofort; es dauerte womöglich noch eine Stunde oder so.

Sie reckte die Arme und gähnte ausgiebig.

«Geh jetzt glaub ich mal ins Bett», sagte sie. «Huh, bin ich todmüde.»

Das fand sie urkomisch, und dann drehte sie das Badezimmerlicht aus und ging sich hinlegen, und die ganze Zeit gluckste sie vergnügt vor sich hin.

«Huh, bin todmüde», zitierte sie. «Und der Satz ist zum Totlachen!»

III

Nettie, das farbige Mädchen, kam spät am nächsten Nachmittag, um die Wohnung zu putzen, und fand Mrs. Morse im Bett. Aber das war nichts Ungewöhnliches. Normalerweise wurde sie allerdings von den Putzgeräuschen wach, und wach wurde sie gar nicht gern. Nettie war ein rücksichtsvolles Mädchen und hatte gelernt, leise umzugehen.

Aber nachdem sie mit dem Wohnzimmer fertig war und sich ins Schlafzimmer geschlichen hatte, um auch da aufzuräumen, konnte sie, als sie die Sachen auf dem Toilettentisch wieder richtig hinstellen wollte, ein kurzes Klappern nicht verhindern. Instinktiv warf sie einen Blick über die Schulter auf die Schlafende, und ein ungesund-flaues Gefühl kroch ohne Vorwarnung über sie. Sie ging zum Bett und starrte hinunter auf die Frau, die da lag.

Mrs. Morse lag auf dem Rücken, einen schlaffen weißen Arm nach oben geworfen, den Puls auf der Stirn. Die struppigen Haare hingen in Strähnen über ihr Gesicht. Die Bettdecke war zurückgeschlagen und legte eine ganze Menge weichen Hals und ein rosa Nachthemd bloß, dessen Stoff vom vielen Waschen ungleichmäßig mürbe geworden war; die großen Brüste hatten sich aus dem Halter gelöst und waren in die Achselhöhlen gerutscht. Hin und wieder gab sie rasselnde Schnarchlaute von sich, und aus der einen Ecke ihres offenen Mundes bis zur verschwommenen Rundung ihres Kiefers verlief eine Spur aus verkrusteter Spucke.

«Mis' Morse», rief Nettie. «Oh, Mis' Morse! Schon Gott weiß wie spät.»

Mrs. Morse rührte sich nicht.

«Mis' Morse», sagte Nettie. «Hörn Sie, Mis' Morse. Wie soll ich'n hier Bettenmachen?»

Panik sprang das Mädchen an. Sie schüttelte die heiße Schulter der Frau.

«Sie, aufwachn, los», wimmerte sie. «Sie, bitte, wachn Sie doch ma auf.»

Plötzlich drehte das Mädchen sich um und rannte ins Treppenhaus zur Fahrstuhltür; sie preßte den Daumen fest auf den glänzenden schwarzen Knopf, bis der altertümliche Fahrstuhl mitsamt dem schwarzen Liftboy vor ihr stand. Sie übergoß den Jungen mit einem Wortschwall und zog ihn in die Wohnung zurück. Er ging zwar auf Zehenspitzen, aber knarrend, zu dem Bett; zuerst behutsam und dann so eifrig, daß er Abdrücke in dem weißen Fleisch hinterließ, rüttelte er die bewußtlose Frau.

«He Sie!» schrie er und lauschte angestrengt auf ein Echo.

«Jesses. Ausgepustet wie ne Kerze», war sein Kommentar.

Angesichts seines Interesses für die spektakuläre Angelegenheit schwand Netties Panik. Beide kamen sich sehr wichtig vor. Sie flüsterten hektisch in abgebrochenen Sätzen, und dann schlug der Liftboy vor, den jungen

Arzt zu holen, der im Erdgeschoß wohnte. Nettie lief hinter ihm her. Sie freuten sich beide auf den Augenblick, wenn sie im Rampenlicht stehen und mit ihrer Meldung über diese gruselige Sache, über diesen angenehm unangenehmen Vorfall herausplatzen würden. Mrs. Morse war der Zugang zu einem Drama geworden. Nicht daß sie ihr Böses wünschten, sie hofften bloß, daß ihr Zustand auch wirklich ernst war und daß sie sie nicht hängenließ und bei der Rückkehr munter und normal war. Eine leichte Angst davor spornte sie an, gegenüber dem Arzt das Letzte aus ihrer gegenwärtigen Lage herauszuholen. «Geht um Leben und Tod», fiel Nettie aus ihrem schmalen Lesefundus ein. Sie erwog, den Arzt damit aufzurütteln.

Der Arzt war zu Hause und nicht gerade erfreut über die Störung. Er lag in einem blau-gelb gestreiften Hausmantel auf dem Sofa und lachte mit einer dunkelhaarigen Schönheit, von deren Gesicht etwas billiger Puder abblätterte und die auf einem Arm lehnte. Halbleere Highball-Gläser standen daneben, und Hut und Mantel von ihr waren ordentlich aufgehängt worden in der offensichtlichen Erwartung auf einen langen Aufenthalt. «Immer ist irgendwas los», brummte der Arzt. «Können einen einfach nicht in Ruhe lassen nach einem harten Arbeitstag.» Aber er warf ein paar Flaschen und Instrumente in einen Koffer, vertauschte seinen Hausmantel gegen sein Jackett und zog mit den beiden Schwarzen los.

«Mach voran, du großer Junge», rief die Schönheit hinter ihm her. «Und bleib nicht die ganze Nacht.»

Der Arzt stampfte in Mrs. Morses Wohnung und sofort ins Schlafzimmer, Nettie und der Liftboy hinterdrein. Mrs. Morse hatte sich nicht gerührt; sie schlief noch genauso tief, aber inzwischen geräuschlos. Der Arzt sah sie scharf an, dann legte er seine Daumen in die Kuhlen über ihren Augäpfeln und drückte mit seinem ganzen Gewicht drauf. Ein hoher angewiderter Schrei brach aus Nettie hervor.

«Sieht aus, als wollt er die gleich durch die Matratze quetschen», sagte der Liftboy. Er gluckste.

Mrs. Morse gab auch unter diesem Druck kein Lebenszeichen. Abrupt ließ der Arzt ab und riß mit einer schnellen Bewegung die Bettdecke bis ans Fußende. Mit der nächsten warf er ihr Nachthemd zurück und hob die dicken, weißen, mit winzigen irisfarbenen

Venen schraffierten Beine an. Er kniff ein paarmal lange und grausam in ihre Kniekehlen. Sie wurde nicht wach.

«Was hat sie getrunken?» fragte er Nettie über die Schulter.

Mit der gewissen Schnelligkeit, die jemand hat, der genau weiß, wo man etwas anpacken muß, ging Nettie ins Badezimmer und schnurstracks auf den Schrank zu, in dem Mrs. Morse ihren Whisky aufbewahrte. Aber sie blieb sofort stehen, als sie die beiden Röhrchen mit den roten und weißen Etiketten vor dem Spiegel liegen sah. Sie brachte sie dem Arzt.

«Ach, du grundgütiger allmächtiger Strohsack!» sagte er. Er ließ Mrs. Morses Beine los und stieß sie ungeduldig quer über das Bett. «Was hat sie denn mit dem Quatsch vorgehabt? Ein mieser feiger Trick ist das, sonst gar nichts. Jetzt dürfen wir ihr den Magen auspumpen und die ganze Chose. Eine Landplage ist das, und weiter nichts. Los, George, fahr mich runter. Du wartest hier, Mädchen. Die beißt nicht.»

«Sie stirbt mir doch nicht weg, nicht?» schrie Nettie.

«Nee», sagte der Arzt. «Gott, nee. Die kriegst du nicht mal mit einer Axt tot.»

# IV

Zwei Tage später kam Mrs. Morse wieder zu Bewußtsein, zuerst noch etwas benommen, aber dann so klarsichtig, daß auch die allmähliche, durchdringende Erbärmlichkeit wieder zum Vorschein kam.

«Mein Gott, mein Gott», stöhnte sie, und Tränen über sich selbst und das ganze Leben rannen ihr über die Wangen.

Nettie kam wegen des Geräuschs ins Zimmer. Zwei Tage lang hatte sie die endlosen, häßlichen Pflichten erfüllt, mit denen man Bewußtlose pflegt, zwei Nächte lang hatte sie nur Bruchstückchen von Schlaf auf der Wohnzimmercouch bekommen. Sie warf einen kalten Blick auf die dicke, aufgedunsene Frau im Bett.

«Was hahm Sie denn vorgehabt, Mis' Morse?» sagte sie. «Was solln das geben, das ganze Zeuch schlucken?»

«Mein Gott», stöhnte Mrs. Morse noch einmal und versuchte, ihre Augen mit den Armen zu bedecken. Aber die Gelenke fühlten sich steif und brüchig an, und sie schrie vor Schmerz auf.

«Kann man doch nich machn, so Pillen schlucken», sagte Nettie. «Sie können Ihrm guten Stern danken, daß sie überhaupt noch da sind. Wie fühln sich denn jetzt?»

«Oh, fabelhaft», sagte Mrs. Morse. «Toll fühl ich mich.»

Die heißen, brennenden Tränen liefen, als wollten sie nie mehr aufhören.

«Kann man doch nich machn, immer nur weinen», sagte Nettie. «Nachdem was Sie gemacht hahm. Der Doktor sagt, er hätt Sie dafür einsperren lassn könn. Is hier rumgesprungen wie'n Zinshahn.»

«Warum hat er mich nicht in Ruhe gelassen?» jammerte Mrs. Morse. «Warum zum Teufel hat er das nicht?»

«Das ja furchbah, Mis' Morse, so schimpfen und reden», sagte Nettie. «Wo die Leute alles für Sie gemacht hahm. Hier, ich hab zwei Nächte kein Auge zugetan, zu meinen andern Damen bin ich auch nicht gekomm!»

«Oh, das tut mir leid, Nettie», sagte sie. «Sie sind ein Goldstück. Es tut mir leid, daß ich Ihnen soviel Kummer gemacht habe. Ich konnte nicht mehr. Ich war einfach am Boden. Haben Sie nie das Gefühl, jetzt mach ich Schluß? Wenn einem einfach alles nur noch lausig vorkommt?»

«Würd ich nie dran denkn», erklärte Nettie. «Sie müssn wieder fröhlich wern. Das müssen Sie. Probleme hahmse alle.»

«Ja», sagte Mrs. Morse. «Ich weiß.»

«Da is ne hübsche Karte gekomm», sagte Nettie. «Vielleicht wernse davon wieder munter.»

Sie gab Mrs. Morse eine Postkarte. Mrs. Morse mußte sich eine Hand über ein Auge halten, um sie zu entziffern; ihre Augen stellten die Brennweite noch nicht wieder richtig ein.

Die Karte war von Art. Auf der Rückseite eines Fotos vom Detroiter Athletic Club hatte er geschrieben: «Grüße und Glückwünsche. Hoffe, die schlechte Laune ist weg. Sei fröhlich und halt die Ohren steif. Bis Donnerstag.»

Sie ließ die Karte zu Boden fallen. Das Elend brach über ihr zusammen, wie wenn sie zwischen zwei dicken weichen Steinen klemmte. Vor ihr zog eine schleppende, schleppende Prozession von Tagen vorbei, Tage, die sie in ihrer Wohnung und im Liegen verbracht hatte, Abende bei Jimmy's, an denen sie kein Spielverderber gewesen war, an denen sie sich das Lachen abgerungen hatte, das Gurren vor diesem und all den anderen

Arts; sie sah eine lange Parade von erschöpften Pferden und bibbernden Bettlern und lauter taumelnden, verprügelten und vorwärtsgetriebenen Sachen. Ihre Füße brannten, als klemmten sie in den viel zu kurzen champagnerbeigen Stöckelschuhen. Ihr Herz schien immer geschwollener und härter zu werden.

«Nettie», schrie sie. «Um Himmels willen, gießen Sie mir einen ein, ja?»

Das Mädchen schien Zweifel zu haben.

«Aber Sie wissen doch, Mis' Morse», sagte sie, «Sie warn ja schon fast tot. Ich weiß gahnich, ob der Dokter, der läßt Sie doch jetz nix trinken.»

«Ach, lassen Sie den mal weg», sagte sie. «Holen Sie mir was zu trinken, und bringen Sie die Flasche mit. Nehmen Sie sich auch einen.»

«Na ja», sagte Nettie.

Sie schenkte für beide ein, ließ ihr Glas aber respektvoll im Badezimmer stehen, für später, und für sich allein, und brachte Mrs. Morse den Drink ans Bett.

Mrs. Morse sah in den Whisky und zuckte zurück vor dem Geruch. Vielleicht half er ja. Vielleicht riß einen, wenn man tagelang auf dem Trockendock gelegen hatte, der allererste Drink ja wieder hoch. Vielleicht wurde er ja wieder ihr Freund. Sie betete, ohne einen Gott anzusprechen, ohne einen Gott zu kennen. O bitte, bitte, er soll machen, daß sie wieder betrunken werden kann, er soll machen, daß sie immer betrunken bleibt.

Sie hob das Glas.

«Danke, Nettie'», sagte sie. «Und Halsund Beinbruch.»

Das Mädchen kicherte. «So is recht, Mis' Morse», sagte sie. «Jetzt wern Sie wieder munter.»

«Jawoll», sagte Mrs. Morse. «Klar.»

# Aus dem Tagebuch einer New Yorker Lady

*(From the Diary of a New York Lady)*

*Von Tagen des Schreckens
der Verzweiflung und Weltveränderung*

Montag. Frühstückstablett gegen elf; wollte gar nicht. Der Champagner gestern nacht bei Amorys war eine *Zumutung*; aber was soll man machen? Man kann ja auch nicht bis fünf Uhr morgens mit *gar nichts* dasitzen. Sie hatten diese göttlichen ungarischen Musiker mit den grünen Röcken, und Stewie Hunter hat sich die Schuhe ausgezogen und damit dirigiert, so *was* von komisch. Er ist doch die drolligste Nummer auf der ganzen Welt; einfach der *Gipfel*. Ollie Martin hat mich nach Hause gebracht, und wir sind beide im Auto eingeschlafen – zum Schreien. Miss Rose kam gegen Mittag wegen der Nägel, buchstäblich randvoll mit dem göttlichsten Klatsch. Die Morris' trennen sich jede Minute, und Freddie Warren hat endgültig Magengeschwüre, und Gertie Leonard kriegt ihre Augen einfach nicht von Bill Crawford, obwohl Jack Leonard im selben Raum ist, und das mit Sheila Phillips und Babs Deering stimmt alles. So *was* von aufregend. Miss Rose ist ja zu herrlich; finde wirklich, oft sind solche Leute viel aufgeweckter als die meisten anderen Leute. Habe erst als sie weg war gemerkt, daß die blöde Ziege mir die Nägel in dieser Zumutung von Orange lackiert hat; so *was* von wütend. Ein Buch angefangen, aber zu nervös. Telefoniert und doch noch zwei Karten für die Premiere von «Run Like A Rabbit» heute abend bekommen, achtundvierzig Dollar. Die haben Nerven, habe ihnen den Marsch geblasen, aber was soll man machen? Glaube, Joe hat etwas von draußen essen gesagt, also habe ich ein paar göttliche junge Herren durchtelefoniert, damit jemand ins Theater mitkommt, aber alle hatten schon was vor. Ollie Martin schließlich konnte. So *was* von *graziös*, und was geht es *mich* an, wenn er einer ist? Kann mich überhaupt nicht entscheiden, ob ich das Grüne aus Crepe oder das Rote aus Wolle anziehen soll. Wenn ich auf meine Nägel sehe, könnte ich jedesmal ausspucken. Verdammte Miss Rose.

Dienstag. Joe kam heute morgen in mein Zimmer getorkelt, um sage und schreibe neun *Uhr. So was* von empört. Fing Streit an, aber zu kaputt. Weiß nur noch, daß er abends zum Essen nicht zu Hause sein wollte. Unsagbar kalt, den ganzen Tag; konnte mich nicht rühren. Gestern wirklich der Gipfel. Ollie und ich zum Essen in der Achtunddreißigsten East, unsagbare Giftküche, und kein lebendes Wesen da, mit dem man auch nur als Leiche zusammen gesehen werden möchte, und «Run Like A Rabbit» eine Weltpleite. Habe Ollie danach mit zu der Party bei den Barlows genommen, *so was* von bezaubernd – mehr ausgesprochene Stinktiere auf einem Haufen *gibt's* ja nicht. Sie hatten diese Ungarn mit den grünen Rökken, und Stewie Hunter hat dirigiert, mit einer Gabel – einfach zum Totlachen. Er hatte Kilometer grünes Toilettenpapier um den Hals, wie diese hawaiianischen Blumengirlanden; so was von Glanzleistung. Habe einen wirklich Neuen kennengelernt, sehr groß, zu herrlich; einer wo man sich auch mal ernsthaft mit unterhalten kann. Habe ihm gesagt, das alles hier ennuyiert mich manchmal derart, daß ich am liebsten aufjaulen würde, und daß ich das Gefühl habe, ich müßte dringend etwas machen wie Schreiben oder Malen. Er sagte, dann sollte ich doch schreiben oder malen. Bin allein nach Hause; Ollie war völlig über den Jordan. Heute dreimal den Neuen angerufen, ob er zu mir zum Essen kommt und hinterher in die Premiere von «Never Say Good Morning» mitgeht, aber erst war er nicht da, und dann hatte er schon was vor, mit seiner Mutter. Ollie Martin schließlich konnte. Versucht, ein Buch anzufangen, konnte aber nicht stillsitzen. Kann mich nicht entscheiden, ob ich das Rote aus Spitze oder das mit der Feder in Rosé anziehen soll. Fühle mich völlig erschöpft, aber was soll man machen?

Mittwoch. In dieser *Minute* ist das Allerschrecklichste passiert. Mir ist ein Nagel *komplett abgebrochen*. Das ist ausgesprochen das Schlimmste, was mir je im Leben passiert ist. Habe Miss Rose angerufen, sie soll sofort rüberkommen und ihn mir zurechtfeilen, aber die ist den ganzen Tag unterwegs. Ich habe aber auch wirklich das größte Pech der Welt. Jetzt muß ich den ganzen Tag und die ganze Nacht so herumlaufen, aber was soll man machen? Verdammte Miss Rose. Gestern nacht sehr ausgelassen. «Never Say Good Morning» abscheulich, nie so scheußliche Kostüme auf einer Bühne gesehen. Habe Ollie zu der Party bei den Ballards mitgenommen; der Gipfel. Sie hatten diese Ungarn mit den grünen Röcken, und Stevie Hunter hat dirigiert, mit einer Fresie – zum Schreien. Er hatte Peggy Coopers Hermelinmantel und Phyllis Mintons Silberturban an; unglaublich. Habe einen Haufen *göttlicher* Leute für Freitag abend zu mir eingeladen; bekam die Adresse von diesen Ungarn mit den grünen Röcken von Betty Ballard. Sie sagt, man braucht sie bloß bis vier zu engagieren, wenn ihnen dann irgendwer noch mal dreihundert Dollar reicht, bleiben sie auch bis fünf. *So was* von preisgünstig. Mit Ollie auf den Heimweg, mußte ihn aber bei sich absetzen; *so was* von schlecht, wie ihm war. Heute den Neuen angerufen, ob er zum Essen kommt und hinterher in die Premiere von «Everybody Up» mitgeht, aber er hatte schon was vor. Joe wird ausgehen; hatte natürlich nicht die Güte, mir zu sagen, wohin. Angefangen, die Zeitungen durchzublättern, aber nichts drin, außer daß Mona Wheatley in Reno auf unzumutbare Grausamkeit klagt. Jim Wheatley angerufen, ob er heute abend schon was vorhat; er hat. Ollie Martin schließlich konnte. Kann mich nicht entscheiden, ob ich das Weiße aus Satin oder das Schwarze aus Chiffon oder das Gelbe aus Borkencrepe anziehen soll. Dieser Fingernagel geht mir durch Mark und Pfennig. Nicht zum Aushalten. Kenne *niemanden*, dem solche Un*glaub*lichkeiten passieren.

Donnerstag. Klappe buchstäblich im Stehen zusammen. Gestern nacht zu herrlich. «Everybody Up» einfach göttlich, so was von schlüpfrig, und der Neue war auch da, einfach himmlisch, hat mich allerdings nicht gesehen. Hatte Florence Keeler dabei in diesem unsäglichen Schiaparelli-Modell, das nun wirklich schon *jede* kleine Ladenmieze angehabt hat seit der Schöpfung. Der Neue muß ja wahnsinnig sein; die guckt doch *keinen* Mann an. Habe Ollie zu der Party bei den Watsons mitgenommen; *so was* von Kitzel. Alle ausgesprochen voll. Sie hatten diese Ungarn mit den grünen Röcken, und Stewie Hunter hat dirigiert, mit einer Lampe, und als die Lampe kaputtging, haben er und Tommy Thomas getanzt – *adagio*; einfach wundervoll. Jemand erzählte, daß Tommys Arzt gesagt hat, daß Tommy unbedingt sofort aus der Stadt raus muß, er hat den kaputtesten Magen der Welt, merkt aber kein Mensch. Allein nach Hause, konnte Ollie nirgends finden. Miss Rose kam mittags zum Feilen, *so was* von bezaubernd. Sylvia Eaton kann ohne Spritze gar nicht mehr aus dem Haus gehen, und Doris Mason weiß *alles* bis ins *kleinste* über Douggie Mason und die Kleine oben in Harlem, und kein Mensch kriegt Evelyn North von diesen drei Akrobaten weg, und keiner traut sich, Stuyvie Raymond mal zu stecken, was mit ihm los ist. Kenne niemanden, der ein so bezauberndes Leben führt wie Miss Rose. Habe mir diesen gemeinen orangefarbenen Lack abmachen und dunkelroten auftragen lassen. Habe erst als sie weg war gemerkt, daß er bei elektrischem Licht praktisch schwarz ist; *so was* von erledigt. Verdammte Miss Rose. Joe hat einen Zettel hinterlassen, daß er heute außerhalb ißt, habe also den Neuen angerufen, ob er zum Essen kommt und hinterher in diesen neuen Film mitgeht, aber er hat nicht abgenommen. Habe ihm drei Telegramme geschickt, daß ich morgen *unbedingt* fest mit ihm rechne. Ollie Martin schließlich kann heute abend. Zeitungen durchgeblättert, aber nichts drin, außer daß Harry Motts und Gattin Sonntag einen Tanztee mit ungarischer Musik geben. Werde wohl den Neuen bitten, mich zu begleiten; sie wollten mich bestimmt einladen.

Ein Buch angefangen, aber zu erschöpft. Kann mich nicht entscheiden, ob ich das neue Blaue mit der weißen Jacke anziehen oder ob ich es für morgen aufheben und heute das Elfenbeinfarbene aus Moiré nehmen soll. Mir bricht jedesmal einfach das Herz, wenn ich an meine Nägel denke. *So was* von wütend. Könnte Miss Rose umbringen, aber was soll man machen?

Freitag. Liege völlig darnieder; *so was* von alle. Gestern nacht einfach göttlich, der Film einfach tödlich. Habe Ollie zu der Party bei den Kingslands mitgenommen; einfach un*glaub*lich, alle hackevoll. Sie hatten diese Ungarn mit den grünen Röcken, aber Stewie Hunter war nicht da. Hatte einen *totalen* Nervenzusammenbruch. Und ich krank vor Sorge, daß er bis am Abend nicht wieder auf die Beine kommt; werde ihm niemals verzeihen, wenn er nicht dabei ist. Aufbruch mit Ollie, habe ihn bei sich abgesetzt; hörte gar nicht mehr auf zu heulen. Joe hat den Butler ausrichten lassen, daß er heute nachmittag übers Wochenende aufs Land fährt; hat sich natürlich nicht bequemt zu sagen, auf *welches* Land. Habe haufenweise reizende Herren durchtelefoniert, ob jemand zu mir zum

Essen kommt und hinterher in die Premiere von «White Man's Folly» mitgeht und danach noch irgendwo ein bißchen tanzen; ist doch eine Zumutung, auf der eigenen Party die erste zu sein. Alle hatten schon was vor. Ollie Martin schließlich konnte. *So was* von deprimiert; hätte *niemals* auch nur in die *Nähe* von Champagner und Scotch auf einmal kommen dürfen. Ein Buch angefangen, aber keine Ruhe. Anne Lyman angerufen, wollte mich nach dem neuen Baby erkundigen, konnte mich aber *partout* nicht mehr erinnern, ob es ein Junge oder ein Mädchen war – muß *unbedingt* nächste Woche eine Sekretärin haben. Anne war aber *so was* von Hilfe; sagte sofort, sie wüßte noch nicht, ob es Patricia oder Gloria heißen sollte, und damit wußte ich auf der Stelle, daß es tatsächlich ein Mädchen ist. Habe Barbara vorgeschlagen; hatte ganz vergessen, daß sie schon eine Barbara hat. Den ganzen Tag wie ein Panther hin und her geschlichen. Könnte ausspucken, wenn ich an Stewie Hunter denke. Habe keine Nerven, mich zu entscheiden, ob ich das Blaue mit der weißen Jacke oder das Violette mit den beigen Rosen anziehen soll. Jedesmal, wenn ich auf diese Zumutung von schwarzen Nägeln gucke, möchte ich *nur noch* aufjaulen. Von *allen* Leuten auf der *ganzen* Welt passieren mir wirklich die *allerscheußlichsten* Sachen. Verdammte Miss Rose.

## Bei Tageslicht betrachtet

*(Glory in the Daytime)*

Mr. Murdock gehörte zu denen, die Stücken und Spielern keinerlei Überschwang entgegenbringen, und das war sehr schade, denn beide bedeuteten soviel für die kleine Mrs. Murdock. Sie geriet stets in einen Zustand inbrünstiger Erregung über jene strahlenden, freien, passionierten Auserwählten, die sich dem Theater verschrieben haben. Und stets hatte sie, gemeinsam mit der Menge, an den großen öffentlichen Altären ihre Verehrung dargebracht. Es stimmte, einmal, als sie noch ein ganz kleines Mädchen gewesen war, hatte sie sogar aus lauter Liebe einen Brief an Miss Maude Adams geschrieben, der mit «Liebster Peter» begann, und sie hatte von Miss Adams einen Miniaturfingerhut mit der Inschrift «Ein Kuß von Peter Pan» zurückbekommen. (Was für ein Tag!) Und einmal, als ihre Mutter sie in den Ferien zum Einkaufen mitgenommen hatte, war ein Wagenschlag aufgerissen worden, und direkt an ihr vorbeigerauscht, sooo dicht, war ein Wunderwesen aus Zobel und Veilchen und dicken roten

Locken, die sich in der Luft zu kringeln schienen; und fortan war sie so gut wie sicher, daß sie einmal keinen Schritt weit entfernt von Miss Billie Burke gestanden hatte. Bis ungefähr drei Jahre nach ihrer Hochzeit waren das allerdings ihre einzigen persönlichen Erfahrungen mit der Welt aus Rampenlicht und Gloria geblieben.

Dann stellte sich heraus, daß Miss Noyes, ein Neuling im Bridge-Club der kleinen Mrs. Murdock, eine Schauspielerin kannte. Sie kannte tatsächlich eine Schauspielerin, so wie unsereiner Kochrezeptsammlerinnen oder Hobbygärtnerinnen oder Nähkunstamateurinnen kennt.

Die Schauspielerin hieß Lily Wynton, ein berühmter Name. Sie war groß und gemessen und silberfein; oft trat sie als Gräfin auf oder als Lady Pam oder Ehrenwerte Moira. Die Kritiker nannten sie häufig «die Grande Dame unserer Bühnen». Mrs. Murdock hatte jahrelang Matineen mit den Wynton-Triumphen besucht. Aber der Gedanke, daß sie eines Tages Gelegenheit haben könnte, Lily Wynton von Angesicht zu Angesicht zu begegnen, wäre ihr genausowenig gekommen wie der – na ja, wie die Idee zu fliegen!

Obwohl, verwunderlich war es eigentlich

nicht, daß sich Miss Noyes so zwanglos in der Glamourwelt bewegte. Miss Noyes steckte selbst voller Abgründe und Geheimnisse, sie konnte sogar mit einer Zigarette zwischen den Lippen reden. Immer war sie mit etwas Schwierigem beschäftigt, zum Beispiel ihre eigenen Pyjamas zu entwerfen oder Proust zu lesen oder aus Plastilin Torsi zu modellieren. Sie spielte ausgezeichnet Bridge. Sie mochte die kleine Mrs. Murdock. «Häschen» nannte sie sie.

«Wie wär's morgen zum Tee bei mir, Häschen? Lily Wynton will auch vorbeischneien», sagte sie während einer, darob denkwürdigen, Bridgepartie. «Sie möchten sie vielleicht gern mal kennenlernen.»

Die Wörter kamen so leicht daher, daß sie ihr Gewicht sicher nicht bemerkt hatte. Lily Wynton kam zum Tee. Mrs. Murdock mochte sie vielleicht gern mal kennenlernen. Die kleine Mrs. Murdock schlenderte heimwärts durch die frühe Dunkelheit, und am Himmel über ihr sangen die Sterne.

Mr. Murdock war schon zu Hause, als sie kam. Es bedurfte nur eines Blicks, um zu wissen, daß für ihn an diesem Abend der Himmel nicht voller singender Sterne hing. Er saß über dem aufgeschlagenen Wirtschaftsteil der Zeitung, und Bitterkeit hatte sein Gemüt in Beschlag genommen. Es war nicht der Augenblick, ihm freudestrahlend von Miss Noyes verlockender Einladung zu erzählen; das heißt nicht der Augenblick für den ersehnten, überbordenden, brausenden Beifall. Mr. Murdock konnte Miss Noyes nicht leiden. Wenn er gedrängt wurde, den Grund zu nennen, antwortete er nur, er könne sie eben einfach nicht leiden. Bei Gelegenheit fügte er hinzu, und zwar mit einer Handbewegung, die eine gewisse Bewunderung heischte, daß ihn all diese Frauen krank machten. Gewöhnlich sparte Mrs. Murdock, wenn sie ihm von dem bescheidenen Treiben des Bridge-Clubs berichtete, Miss Noyes einfach aus. Sie hatte festgestellt, daß diese kleine Auslassung den Abend angenehmer gestaltete. Aber jetzt war sie so überwältigt von dieser funkensprühenden Erregung, daß sie, kaum hatte sie ihn geküßt, ihre Geschichte loswerden mußte.

«Oh, Jim», rief sie. «Oh, wie findest du das! Hallie Noyes hat mich morgen zum Tee zu sich gebeten, und ich soll Lily Wynton kennenlernen!»

«Wer ist Lily Wynton?» fragte er.

«Ach, Jim», sagte sie. «Also wirklich, Jim.

Wer ist Lily Wynton! Gleich behauptest du noch, du wüßtest nicht, wer Greta Garbo ist.»

«So 'ne Schauspielerin oder was?» sagte er.

Mrs. Murdock ließ die Schultern sinken. «Ja, Jim», sagte sie. «Ja. Lily Wynton ist Schauspielerin.»

Sie nahm ihre Tasche und ging langsam auf die Tür zu. Aber bevor sie drei Schritte weit gekommen war, hatte der Funkenwirbel sie wieder übermannt. Sie drehte sich um, und ihre Augen glänzten.

«Im Ernst», sagte sie, «das war das Komischste, was man im Leben gehört hat. Wir hatten gerade den letzten Robber fertig – ach, ich hab dir noch gar nicht erzählt, daß ich drei Dollar gewonnen habe, bin ich nicht gut? –, da sagt Hallie Noyes zu mir: ‹Kommen Sie doch morgen zum Tee. Lily Wynton will auch vorbeischneien› sagt sie. Einfach so, sagt sie. Als wär's irgendwer.»

«Vorbeischneien?» sagte er. «Wie kann denn jemand *vorbei*schneien?»

«Also, ich weiß gar nicht mehr, was ich gesagt habe, als sie mich fragte», sagte Mrs. Murdock. «Ich glaube, ich habe gesagt, aber gern – das muß ich wohl gesagt haben. Aber ich war einfach so – Na, du weißt ja, was ich immer für Lily Wynton empfunden habe. Du, als kleines Mädchen hab ich Bilder von ihr gesammelt. Und gesehen habe ich sie in, ach, in allem, was sie je gespielt hat, glaub ich jedenfalls, und jedes Wort über sie habe ich gelesen, Interviews, alles. Wirklich und wahrhaftig, wenn ich mir vorstelle, sie zu *treffen* – Oh, ich glaube, ich sterbe. Was soll ich denn bloß zu ihr sagen?»

«Du kannst sie ja fragen, ob sie nicht zur Abwechslung mal *auf- und davonschneien* möchte», sagte Mr. Murdock.

«Schon gut, Jim», sagte Mrs. Murdock. «Wenn du das so siehst.»

Matt ging sie zur Tür, und diesmal war sie dort, bevor sie sich umdrehte. Kein Leuchten lag in ihren Augen.

«Es – es ist nicht besonders nett», sagte sie, «jemandem die Freude zu verderben. Ich war so selig. Du begreifst gar nicht, was es mir bedeutet, Lily Wynton zu treffen. Solche Leute zu treffen und mal zu gucken, wie die so sind, und zu hören, was die so reden, und sie vielleicht kennenzulernen. Solche Leute bedeuten – na ja, sie bedeuten mir eine Menge. Die sind anders. Die sind nicht wie ich. Wen sehe ich denn sonst? Was höre ich denn? Mein Leben lang habe ich mich gefragt – habe ich fast darum gebetet, daß ich eines Tages – Nun ja. Schon gut, Jim.»

Sie ging hinaus und in ihr Schlafzimmer.

Mr. Murdock blieb allein mit seiner Zeitung und seiner Bitterkeit. Aber er redete laut. «‹Vorbeischneien›», sagte er. «‹Vorbeischneien›, um Gottes willen!»

Die Murdocks aßen nicht gerade schweigend, aber doch ausgesprochen leise zu Abend. Daß Mr. Murdock still war, hatte etwas Gezwungenes; aber die kleine Mrs. Murdock erlebte diese entrückte, süße Ruhe, die man empfindet, wenn man sich den Träumen anheimgibt. Sie hatte die unwirschen Worte an ihren Mann längst vergessen, alle Aufregung und Enttäuschung weit hinter sich gelassen. Wohlig glitt sie davon auf unschuldigen Visionen von den Tagen nach morgen. Sie hörte ihre Stimme in den Gesprächen danach ...

Hab Lily Wynton neulich gesehen, und sie sagte mir über ihr neues Stück – nein, tut mir leid, aber das ist ein Geheimnis, hab ihr versprochen, den Titel niemandem zu verraten ... Lily Wynton kam gestern zum Tee vorbeigeschneit, und wir kamen so ins Gespräch, und sie erzählte die interessantesten Dinge aus ihrem Leben; sie sagte, sie hätte sich ja nie träumen lassen, das mal irgend jemandem zu erzählen ... Hach, ich käme schrecklich gern, aber ich hab Lily Wynton versprochen, mit ihr Mittag zu essen ... Hab einen ganz langen Brief von Lily Wynton bekommen ... Lily Wynton rief heute morgen an ... Wenn ich mich nicht wohl fühle, gehe ich immer auf einen Plausch bei Lily Wynton vorbei, und schon geht's mir wieder gut ... Lily Wynton erzählte ... Lily Wynton und ich ... Ich sage: «Lily, ...»

Am nächsten Morgen war Mr. Murdock bereits ins Büro gegangen, bevor Mrs. Murdock aufgestanden war. Das hatte es zwar schon einige Male gegeben, aber nicht oft. Mrs. Murdock hatte ein etwas mulmiges Gefühl. Dann sagte sie sich, daß es vermutlich besser so war. Und schließlich vergaß sie es völlig und widmete sich der Auswahl eines für dieses nachmittägliche Ereignis angemessenen Kostüms. Sie hatte das düstere Gefühl, daß ihr kleiner Kleiderschrank nichts enthielt, was einer solchen Gelegenheit entsprochen hätte; denn eine solche Gelegenheit hatte sich selbstverständlich noch nie zuvor geboten. Sie entschied sich schließlich für das dunkelblaue Serge-Kleid mit den weißen Musselinkrausen um Ausschnitt und Ärmel. Das war ihr Stil, mehr ließ sich dazu nicht sagen. Und damit war auch schon alles über sie selbst gesagt. Blauer Serge und weiße Rüschen – das war sie.

Daß ihr dieses Kleid so gut stand, machte sie ganz niedergeschlagen. Ein Niemandskleid, an einem Niemand. Sie wurde rot und fing an zu schwitzen, als ihr die Träume wieder einfielen, die sie letzte Nacht gesponnen hatte, all die spinnerten Visionen, wie sie und Lily Wynton inniglich und von gleich zu gleich miteinander sprachen. Schüchternheit ließ ihr das Herz schmelzen, und sie überlegte, Miss Noyes anzurufen und zu sagen, sie sei furchtbar erkältet und könne nicht kommen. Sie faßte sich wieder, als sie sich einen kleinen Benimm-Katalog zurechtlegte, den sie beim Tee befolgen wollte. Sie würde versuchen, den Mund zu halten; wenn sie nichts sagte, konnte sie auch kein dummes Zeug reden. Sie würde zuhören und beobachten und bestaunen, und dann würde sie gestärkt und ermutigt und als besserer Mensch nach Hause kommen, dank einer Stunde, an die sie ihr Leben lang stolz zurückdenken würde.

Miss Noyes' Wohnzimmer war im Stil der Frühmoderne gehalten. Es gab sehr viele Schrägen und spitze Winkel, Zickzacklinien aus Aluminium und waagerechte Streben aus Spiegelglas. Farbtöne waren Stahl und Sägemehl. Keine Sitzfläche lag mehr als dreißig Zentimeter über dem Boden, kein Tisch war aus Holz. Das Zimmer schien, was man sonst nur von größeren Räumen behauptete, wie geschaffen für Besuch.

Die kleine Mrs. Murdock kam als erste. Sie war froh darüber; nein, vielleicht hätte sie doch lieber erst nach Lily Wynton kommen sollen; nein, vielleicht war es ganz richtig so. Das Dienstmädchen wies sie ins Wohnzimmer, und Miss Noyes begrüßte sie mit ihrer kühlen Stimme und in ihren warmen Worten, ihrer Spezialmischung. Sie trug eine schwarze Samthose mit einem roten Kummerbund und ein weißes Seidenhemd, das am Hals offenstand. Eine Zigarette hing ihr an der Unterlippe, und wie gewöhnlich hielt sie die Augen gegen den Rauch zusammengekniffen.

«Kommen Sie rein, kommen Sie rein, Häschen», sagte sie. «Sie verflixtes Herzchen. Ziehen Sie das Mäntelchen aus. Herrgott noch mal, in dem Kleidchen könnten Sie glatt für elf durchgehen. Plätzchen, kommen Sie, hier neben mich. Teechen kommt auch gleich, Momentchen.»

Mrs. Murdock nahm auf dem breiten, gefährlich niedrigen Diwan Platz und saß, da sie sich beim Zurücklehnen in Kissen noch nie besonders geschickt angestellt hatte, kerzengerade. Zwischen ihr und ihrer Gastgeberin war Platz für sechs von ihrer Sorte. Miss Noyes lehnte sich zurück, schwang das eine Fußgelenk über das andere Knie und sah sie an.

«Ich bin ein Wrack», verkündete sie. «Habe die ganze Nacht wie blöde modelliert. Das hat mich völlig ausgezehrt. Ich war wie verhext.»

«Oh, was haben Sie denn gemacht?» rief Mrs. Murdock.

«Och, Eva», sagte Miss Noyes. «Ich mache ständig Evas. Was soll man denn sonst machen? Sie müssen mal kommen und mir Modell stehen, Häschen. Sie sind bestimmt gut dafür. Ja-ah, bestimmt sind Sie sehr gut. Mein Häschen.»

«Hach, ich —», sagte Mrs. Murdock und hielt inne. «Vielen Dank, trotzdem», sagte sie dann.

«Möchte wissen, wo Lily bleibt», sagte

Miss Noyes. «Sie sagte, sie wollte früh hier sein – na ja, das sagt sie immer. Sie werden sie hinreißend finden, Häschen. Sie ist schon ein seltener Vogel. Sie ist wirklich ein Mensch. Und sie hat die absolute Hölle hinter sich. Gott, was die alles mitgemacht hat!»

«Oh, was hatte sie denn?» sagte Mrs. Murdock.

«Männer», sagte Miss Noyes. «Männer. Und keinen einzigen, der keine Laus war.» Düster starrte sie auf die Spitzen ihrer flachen Lederpumps. «Eine ganze Meute von Läusen, laufend. Alle, wie sie da sind. Lassen sie sitzen beim erstbesten Flittchen, das ihnen über den Weg läuft.»

«Aber –», begann Mrs. Murdock. Nein, das konnte sie nicht richtig gehört haben. Wie konnte das angehen? Lily Wynton war doch eine große Schauspielerin. Und große Schauspielerin, das hieß Romantik. Romantik hieß Herzöge und Kronprinzen und Diplomaten mit grau angehauchten Schläfen und schlanke, bronzebraune, unbekümmerte Jüngere Söhne. Es hieß Perlen und Smaragde und Chinchillas und Rubine, so rot wie das Blut, das um ihretwillen vergossen wurde. Es hieß, daß ein junger Mann mit entschlossener Miene mitten in einer furchteinflößenden indischen Nacht unter einem öde summenden Deckenventilator saß und einen Brief an eine Dame schrieb, die er nur ein einziges Mal gesehen hatte; er schrieb sich das Herz aus dem Leibe, bevor er zu dem Dienstrevolver griff, der neben ihm auf dem Tisch lag. Es hieß, daß ein goldgelockter Dichter im offenen Meer trieb, mit dem Gesicht nach unten, in der Tasche sein letztes großes Sonett an die elfenbeinerne Dame. Es hieß kühne, schöne Männer, die lebten und starben für ihre Dame, jene bleiche Braut der Kunst, der Augen und Herz überflossen vor lauter Erbarmen mit ihnen.

Eine Meute von Läusen. Die hinter kleinen Flittchen herkrabbelten; die malte sich Mrs. Murdock schemenhaft und vage aus wie Ameisen.

«Aber –», sagte die kleine Mrs. Murdock.

«Sie hat ihnen ihr ganzes Geld gegeben», sagte Miss Noyes. «Hat sie immer gemacht. Und wenn nicht, dann haben sie es sich eben genommen. Jeden Pfennig haben sie ihr abgenommen, und ihr obendrein ins Gesicht gespuckt. Na, vielleicht kann ich ihr jetzt ein bißchen Vernunft beibringen. Oh, es klingelt – das wird Lily sein. Nein, Sie behalten Plätzchen, Häschen. Sie gehören dahin.» Miss

Noyes stand auf und ging auf den Bogengang zu, der Wohnzimmer und Flur unterteilte. Als sie an Mrs. Murdock vorbeimußte, bückte sie sich plötzlich, nahm das runde Kinn ihrer Besucherin fest in die Hand und gab ihr einen hastigen, leichten Kuß auf den Mund.

«Sagen Sie Lily aber nichts», murmelte sie leise.

Mrs. Murdock grübelte. Was sollte sie Lily nicht sagen? Dachte Hallie Noyes etwa, sie würde mit Lily Wynton über deren Leben tratschen, nach diesen seltsamen vertraulichen Mitteilungen? Oder meinte sie – Aber ihr blieb keine Zeit zum Grübeln. Lily Wynton stand im Bogengang. Sie stand da, eine Hand auf dem hölzernen Sims, den Körper darangeschmiegt, genauso wie sie in ihrem letzten Stück immer stand, bei ihrem Auftritt im dritten Akt, fast eine halbe Minute lang.

Man würde sie überall erkennen, dachte Mrs. Murdock. O ja, überall. Zumindest würde man ausrufen: «Die Frau da sieht ja aus wie Lily Wynton.» Denn etwas anders sah sie schon aus, bei Tageslicht. Ihre Figur wirkte schwerer, massiger, und das Gesicht – sie hatte solche Mengen Gesicht, daß der Überhang von den kräftigen, harten Knochen hinabsackte. Und die Augen, diese berühmten dunklen, feuchten Augen. Dunkel waren sie, ja, und feucht erst recht, aber sie klemmten in kleinen Hängematten aus Fleisch, und besonders fest schienen sie da auch nicht zu sitzen, denn sie rollten dauernd durch die Gegend. Das Weiße, das rund um die Iris zur Ansicht freilag, war gesprenkelt mit winzigen scharlachroten Äderchen.

«Rampenlicht ist wahrscheinlich entsetzlich anstrengend für die Augen», dachte die kleine Mrs. Murdock.

Lily Wynton trug erwartungsgemäß schwarzen Satin und Zobel, und lange weiße Handschuhe ringelten sich großzügig um die Handgelenke. Aber in den Falten waren feine Dreckschlieren, und über die gesamte Länge des Kleides verteilt fanden sich kleine stumpfe Flecken in unregelmäßigen Formen; Essensbröckchen oder Alkoholtropfen oder vielleicht beides waren offenbar irgendwann aus ihren jeweiligen Behältern geschlüpft und hatten sich kurzerhand hier eingenistet. Der Hut – oh, ihr Hut. Die schiere Romantik, das schiere Mysterium, der schiere seltsamsüße Kummer; das war Lily Wyntons Hut, alle Wetter, niemand sonst hätte das gewagt. Schwarz war er, und schräg saß er, und eine große weiche Feder waberte von ihm hinab und an ihrem Hals entlang, bevor sie sich um ihre Gurgel schlängelte. Die Haare darunter boten alle denkbaren Nuancen von ungepflegtem Trompetenblech. Aber der Hut, o là là.

«Liebling!» kreischte Miss Noyes.

«Engel», sagte Lily Wynton. «Mein Schatz.»

Das war die Stimme. Diese tiefe, weiche, glutvolle Stimme. «Wie Purpursamt», hatte jemand geschrieben. Mrs. Murdock klopfte sichtbar das Herz.

Lily Wynton warf sich an das rasante Dekolleté ihrer Gastgeberin und murmelte dort weiter. Über Miss Noyes' Schulter hinweg erspähte sie die kleine Mrs. Murdock.

«Wer ist das denn?» sagte sie und wand sich los.

«Das ist mein Häschen», sagte Miss Noyes. «Mrs. Murdock.»

«So ein kluges Gesichtchen», sagte Lily Wynton.

«Schlaues, schlaues Köpfchen. Was macht sie, Hallie, mein Schatz? Sie schreibt doch bestimmt, was? Ja, ich fühle es. Sie schreibt wunder-wunderschöne Worte. Nicht wahr, Kind?»

«O nein, wirklich, ich –», sagte Mrs. Murdock.

«Sie müssen mir unbedingt ein Stück schreiben», sagte Lily Wynton. «Ein wunder-wunderschönes Stück. Und ich werde es spielen und um die ganze Welt damit ziehen, bis ich eine ganz, ganz alte Dame bin. Und dann werde ich sterben. Aber man wird mich nie nie vergessen wegen all der Jahre, in denen ich Ihr wunder-wunderschönes Stück gespielt habe.» Sie ging quer durchs Zimmer. Etwas leicht Zögerndes, scheinbar Unsicheres lag in ihren Schritten, und als sie in einen Sessel sinken wollte, sackte sie zuerst vielleicht fünf Zentimeter rechts daneben abwärts. Aber sie kriegte die Kurve in letzter Sekunde und landete doch noch sicher.

«Schreiben», sagte sie und lächelte Mrs. Murdock traurig an. «Schreiben. Und so ein kleines Ding mit so einem großen Talent. Oh, dieses Privileg. Aber auch, welche Qual, welche Agonie.»

«Aber, wissen Sie, ich –», sagte die kleine Mrs. Murdock.

«Häschen schreibt nicht, Lily», sagte Miss Noyes. Sie warf sich wieder in den Diwan. «Sie ist ein Museumsstück. Sie ist mit Hingabe verheiratet.»

«Eine verheiratete Frau!» sagte Lily Wynton. «Eine verheiratete Frau. Ihre erste Ehe, Kind?»

«O ja», sagte Mrs. Murdock.

«Wie goldig», sagte Lily Wynton. «Wie goldig, goldig, goldig. Erzählen Sie mir, Kind, lieben Sie ihn sehr, sehr, sehr?»

«Äh, ich –», sagte die kleine Mrs. Murdock und wurde rot. «Ich bin schon ewig verheiratet», sagte sie dann.

«Sie lieben ihn», sagte Lily Wynton. «Sie lieben ihn. Und ist es süß, wenn sie mit ihm ins Bett gehen?»

«Oh –», sagte Mrs. Murdock und wurde so rot, daß es weh tat.

«Die erste Ehe», sagte Lily Wynton. «O holde Jugend. Ja, als ich in Ihrem Alter war, habe ich auch noch geheiratet. Oh, hüten Sie Ihre Liebe wie einen Schatz, Kind, bewachen Sie sie, leben Sie in ihr. Lachen und tanzen Sie in der Liebe Ihres Mannes. Bis Sie merken, wie er wirklich ist.»

Dann wurde sie plötzlich von etwas heimgesucht. Ihre Schultern zuckten nach oben, die Wangen blähten sich, die Augen wollten aus ihren Hängematten hüpfen. Einen Augenblick lang saß sie so da, dann sortierte sich alles wieder an seinen Platz. Sie lehnte sich im Sessel zurück und klopfte sich zart auf die Brust. Sie schüttelte traurig den Kopf, und bekümmertes Staunen lag in dem Blick, mit dem sie Mrs. Murdock fixierte.

«Gase», sagte Lily Wynton mit ihrer berühmten Stimme. «Gase. Kein Mensch weiß, was ich zu leiden habe.»

«Oh, das tut mir so leid», sagte Mrs. Murdock. «Kann ich irgend etwas –»

«Nichts», sagte Lily Wynton. «Gar nichts. Gar nichts kann man da machen. Ich war schon überall.»

«Wie wär's mit einem Schlückchen Tee, vielleicht», sagte Miss Noyes. «Könnte doch guttun.» Sie drehte das Gesicht zum Bogengang und rief laut: «Mary! Wo zum Teufel bleibt eigentlich der Tee?»

«Sie ahnen ja nicht», sagte Lily Wynton und hielt den schmerzlichen Blick fest auf Mrs. Murdock gerichtet. «Sie ahnen ja gar nicht, was Magenbeschwerden sind. Kein Mensch kann das je wissen, bevor er selbst magenkrank ist. Ich bin's seit Jahren. Jahren und Aberjahren.»

«Das tut mir schrecklich leid», sagte Mrs. Murdock.

«Kein Mensch ahnt diese Qual», sagte Lily Wynton. «Diese Agonie.»

Das Mädchen erschien mit einem dreieckigen Tablett, auf dem ein glänzendweißes Porzellanservice aus lauter sechseckigen Teilen von heldenhaftem Format stand. Sie stellte es auf einen Tisch, den Miss Noyes gerade noch mit dem Arm erreichen konnte, und zog sich dann ebenso eingeschüchtert wieder zurück, wie sie gekommen war.

«Hallie, mein Schatz», sagte Lily Wynton, «mein Schatz. Tee – ich bete Tee an. Ich gebe mein Leben für Tee. Aber mein Magen macht Galle und Wermut daraus. Galle und Wermut. Ich würde stundenlang keinen Frieden finden. Gib mir lieber ein kleines, ein winziges Schlückchen von deinem wunder-wunderschönen Brandy.»

«Findest du das wirklich richtig, Liebling?» sagte Miss Noyes. «Du weißt doch –»

«Mein Engel», sagte Lily Wynton, «das ist das einzige Mittel gegen Säure.»

«Na gut», sagte Miss Noyes. «Aber denk daran, du mußt heute abend auftreten.» Wieder richtete sie die Stimme zum Bogengang. «Mary! Bringen Sie den Brandy und einen Pott Soda und Eis und alles.»

«O Himmel, nein», sagte Lily Wynton. «Nein, nein, Hallie, mein Schatz. Soda und Eis sind schieres Gift für mich. Willst du meinen armen, schwachen Magen einfrieren? Willst du die arme kleine Lily umbringen?»

«Mary!» schrie Miss Noyes. «Bringen Sie nur den Brandy und ein Glas.» Sie drehte sich um zu der kleinen Mrs. Murdock. «Wie nehmen Sie Ihren Tee, Häschen? Sahne? Zitrone?»

«Sahne, wenn's recht ist, bitte», sagte Mrs. Murdock. «Und zwei Stück Zucker bitte, wenn s recht ist.»

«O holde Jugend», sagte Lily Wynton. «Die Jugend und die Liebe.»

Das Mädchen erschien wieder, diesmal mit einem achteckigen Tablett, auf dem eine Karaffe voll Brandy und ein breites, flaches, schweres Glas standen. Ihr Kopf wackelte vor lauter verkrampfter Verklemmtheit.

«Schenken Sie mir doch gleich ein, ja, Liebes?» sagte Lily Wynton. «Danke sehr. Und lassen Sie die wunder-wunderhübsche Karaffe einfach gleich hier, auf diesem bezaubernden Tischchen. Vielen Dank. Sie sind so lieb zu mir.»

Das Mädchen verzog sich bibbernd. Lily Wynton lag in ihrem Sessel und hielt in der behandschuhten Hand das breite, flache Glas, das braun war bis zum Rand. Die kleine Mrs. Murdock hielt die Augen auf ihre

Teetasse gesenkt, führte sie vorsichtig an die Lippen, nahm einen Schluck und stellte sie dann zurück auf die Untertasse. Als sie wieder hochsah, lag Lily Wynton in ihrem Sessel und hielt in der behandschuhten Hand ein breites, flaches, farbloses Glas.

«Mein Leben», sagte Lily Wynton langsam, «ist ein Haufen Mist. Ein stinkender Haufen Mist. Das ist es immer gewesen, und das wird es auch immer bleiben. Bis ich eine ganz ganz alte Dame bin. Ach Sie, Schlauköpfchen. Ihr Schriftsteller wißt ja nicht, was Kämpfen heißt.»

«Aber, wirklich, ich bin keine –», sagte Mrs. Murdock.

«Schreiben», sagte Lily Wynton. «Schreiben. Wunderschöne Worte eins neben das andere setzen. O Privileg. O gesegneter, gesegneter Frieden. Oh, hätt' ich die Stille, die Geruhsamkeit. Aber glauben Sie, diese billigen Bastarde setzen das Stück ab, solange es auch nur einen Pfennig einspielt? O nein. So müde ich bin, so krank ich bin, ich muß mich weiterschleppen. Ach, Kind, Kind, hüten Sie Ihr kostbares Talent. Seien Sie dankbar dafür. Es ist das Allergrößte. Es ist das einzige. Schreiben.»

«Liebling, ich sage doch, Häschen schreibt

nicht», sagte Miss Noyes. «Willst du nicht mal zu Verstand kommen? Sie ist eine verheiratete Frau.»

«Ah ja, hat sie mir gesagt. Sie sagt, sie hat eine vollkommene, leidenschaftliche Liebesgeschichte», sagte Lily Wynton. «Junge Liebe. Das ist das Größte. Das ist das einzige.» Sie griff nach der Karaffe; und wieder war das dicke Glas braun bis zum Rand.

«Wann hast du heute damit angefangen, Liebling?» sagte Miss Noyes.

«Oh, schimpf nicht mit mir, mein liebes Schätzchen», sagte Lily Wynton. «Lily war nicht böse. War dah tein böses Mehjen. Ich bin erst sehr sehr spät aufgestanden. Und obwohl ich verschmachtet bin, obwohl ich völlig ausgebrannt war, habe ich erst nach dem Frühstück den ersten Schluck getrunken. ‹Für Hallie›, habe ich mir gesagt.» Sie hob das Glas an den Mund, kippte es weg und setzte es wieder ab, farblos.

«Lieber Gott, Lily», sagte Miss Noyes. «Paß auf dich auf. Du mußt dich da bewegen auf der Bühne heute abend, Mädchen.»

«Die ganze Welt ist eine Bühne», sagte Lily Wynton. «Und alle Männer und Frauen bloße Spieler. Sie treten auf und gehen ab, und jeder Mann spielt immer gleich ein paar

Rollen auf einmal, sieben Lebensalter soll er darstellen. Zuerst das Baby, wie es wimmert und sabbert —»

«Wie läuft das Stück eigentlich?», sagte Miss Noyes.

«Oh, lausig», sagte Lily Wynton. «Lausig, lausig, lausig. Aber was ist nicht lausig? Was ist das eigentlich nicht in dieser schlimmen, schlimmen Welt? Antworte mir.» Sie langte nach der Karaffe.

«Lily, hör zu», sagte Miss Noyes. «Hör auf damit. Hörst du?»

«Bitte, Hallie, Schatz», sagte Lily Wynton. «Bittschön. Arme, arme Lily.»

«Soll ich wieder dasselbe machen wie letztes Mal?» sagte Miss Noyes. «Soll ich dich schlagen, vor unserm Häschen hier?»

Lily Wynton setzte sich auf. «Du hast keine Vorstellung», sagte sie eisig, «was Säure ist.» Sie füllte das Glas, hielt es in der Hand und betrachtete es wie durch ein Lorgnon. Plötzlich schlug ihre Stimmung um, sie sah hoch und lächelte die kleine Mrs. Murdock an.

«Sie müssen es mir zu lesen geben», sagte sie. «Sie dürfen nicht so bescheiden sein.»

«Zu lesen —?» sagte die kleine Mrs. Murdock.

«Ihr Stück», sagte Lily Wynton. «Ihr wunder-wunderschönes Stück. Glauben Sie ja nicht, ich hätte viel zu tun. Ich habe immer Zeit. Ich habe Zeit für alles. Oh, mein Gott, ich muß morgen zum Zahnarzt. Ach, was habe ich schon gelitten mit meinen Zähnen. Sehen Sie mal!» Sie stellte das Glas ab, schob einen behandschuhten Finger in den Mundwinkel und zerrte ihn zur Seite. «Ugh!» Sie ließ nicht locker. «Ugh!»

Mrs. Murdock reckte verstohlen den Hals und erspähte den Glanz von Gold.

«Oh, das tut mir so leid», sagte sie.

«Gass hacka ekses Aahr it ihr ehach», sagte Lily Wynton. Sie nahm den Finger wieder raus und ließ den Mund in seine ursprüngliche Form zurückschnappen. «Das hat er letztes Mal mit mir gemacht», wiederholte sie. «O Qual. O Agonie. Haben Sie auch solchen Kummer mit Ihren Zähnen, Schlauköpfchen?»

«Äh, ich fürchte, ich habe furchtbar viel Glück», sagte Mrs. Murdock. «Ich –»

«Sie ahnen ja nicht», sagte Lily Wynton. «Kein Mensch ahnt, wie das ist. Ihr Schriftsteller – ihr habt ja keine Ahnung.» Sie nahm das Glas hoch, widmete ihm einen Seufzer und stürzte es hinunter.

«Also gut», sagte Miss Noyes. «Mach du so weiter und kipp um, Liebling. Du hast gerade noch Zeit zum Schlafen vor dem Theater.»

«Schlafen», sagte Lily Wynton. «Schlafen, vielleicht auch träumen, ja, da liegt's. O Privileg. Ach, Hallie, meine süße kleine Hallie, der armen Lily geht es so entsetzlich. Kratz mich mal am Kopf, Engel. Hilf mir.»

«Ich hole Eau de Cologne», sagte Miss Noyes. Sie ging hinaus und tätschelte im Vorbeigehen Mrs. Murdocks Knie. Lily Wynton lag in ihrem Sessel und schloß die Augen.

«Schlafen», sagte sie. «Schlafen, vielleicht auch träumen.»

«Ich fürchte», setzte die kleine Mrs. Murdock an, «ich fürchte», sagte sie dann, «ich muß wirklich ganz schnell nach Hause. Ich fürchte, ich habe gar nicht gemerkt, daß es schon entsetzlich spät ist.»

«Ja, gehen Sie nur, Kind», sagte Lily Wynton. Sie öffnete die Augen nicht. «Gehen Sie zu ihm. Gehen Sie zu ihm, leben Sie in ihm, lieben Sie ihn. Bleiben Sie immer bei ihm. Aber wenn er anfängt, sie mit nach Hause zu bringen, dann gehen Sie.»

«Ich fürchte – ich fürchte, ich habe nicht verstanden», sagte Mrs. Murdock.

«Wenn er anfängt, seine Luxustäubchen mit nach Hause zu bringen», sagte Lily Wynton. «Dann müssen Sie stolz sein. Und gehen. Ich bin immer gegangen. Aber da war es immer schon zu spät. Sie hatten schon mein ganzes Geld. Das ist alles, was sie wollen, Ehe oder nicht. Sie behaupten, es sei Liebe, aber das ist es nicht. Liebe ist das einzige. Hüten Sie Ihre Liebe wie einen Schatz, Kind. Gehen Sie wieder zu ihm. Gehen Sie ins Bett mit ihm. Das ist das einzig Wahre. Und Ihr wunderwunderschönes Stück.»

«Oh, meine Liebe», sagte die kleine Mrs. Murdock. «Ich – ich fürchte, es ist schon furchtbar spät.»

Nur das Geräusch regelmäßiger Atmung kam jetzt von dem Sessel, in dem Lily Wynton lag. Die Purpurstimme hatte aufgehört, durch die Luft zu wallen.

Die kleine Mrs. Murdock schlich sich zu dem Sessel, auf den sie ihren Mantel gelegt hatte. Vorsichtig hielt sie die weißen Musselinrüschen fest, damit sie nicht verknicken. Sie empfand Zärtlichkeit für ihr Kleid; sie wollte es beschützen. Blauer Serge und kleine Rüschen – sie gehörten ihr.

Als sie zur Wohnungstür kam, hielt sie einen Augenblick inne und erinnerte sich ihrer guten Manieren. Tapfer rief sie in Richtung von Miss Noyes' Schlafzimmer.

«Auf Wiedersehen, Miss Noyes», sagte sie. «Ich muß unbedingt los. Ich hatte gar nicht gemerkt, daß es schon so spät ist. Es war sehr nett – vielen, vielen Dank auch.»

«Oh, auf Wiedersehen, Häschen», rief Miss Noyes. «Entschuldigen Sie, daß Lily sich abgemeldet hat. Nehmen Sie's ihr nicht übel – sie ist wirklich einfach nur ein Mensch. Ich ruf Sie an, Häschen. Ich möchte Sie sehen. Wo ist denn dieses verdammte Kölnisch Wasser?»

«Vielen, vielen Dank auch», sagte Mrs. Murdock. Sie brachte sich selbst zur Tür.

Die kleine Mrs. Murdock ging durch die aufsteigende Dämmerung nach Hause. Ihr Kopf war voll, aber nicht mit den Erinnerungen an Lily Wynton. Sie dachte an Jim; Jim, der ins Büro gegangen war, bevor sie aufgestanden war heute morgen, Jim, dem sie keinen Abschiedskuß gegeben hatte. Der liebste Jim. Solche wie ihn gab es nicht noch einmal. Der komische Jim, steif und querköpfig und schweigsam: aber nur, weil er soviel wußte. Nur weil er wußte, wie töricht es war, auf der Suche nach dem Glanz der Schönheit und der Romantik des Lebens in die Ferne zu schweifen. Denn sie lagen so nah, zu Hause, die ganze Zeit, dachte sie. Wie die Blaue Blume, dachte die kleine Mrs. Murdock.

Jim, der Liebling. Mrs. Murdock machte einen Umweg und trat in einen riesigen Laden, in dem es die esoterischsten Delikatessen zu happigen Preisen gab. Jim mochte so gern roten Kaviar. Mrs. Murdock kaufte eine Dose von diesen glibbrigen, glänzenden Eiern. Heute abend würden sie einen Cocktail nehmen, auch wenn sie gar keine Gäste hatten, und den roten Kaviar sollte es dazu geben, als Überraschung, und es würde eine kleine geheime Party werden, zur Feier ihrer wiedergefundenen Zufriedenheit mit ihrem Jim, eine Party, mit der sie ihre Absage an all den Ruhm dieser Welt feiern wollte. Sie kaufte noch einen großen ausländischen Käse. Er würde dem Essen den nötigen Schmiß geben. Mrs. Murdock hatte sich heute morgen nicht besonders dafür interessiert, was es zum Abendessen geben sollte. «Ach, einfach, was sie wollen, Signe», hatte sie dem Mädchen gesagt. Sie wollte nicht mehr daran denken. Sie ging mit ihren Päckchen nach Hause.

Mr. Murdock war bereits da, als sie kam. Er saß über dem aufgeschlagenen Wirtschaftsteil der Zeitung. Die kleine Mrs. Murdock stürzte mit leuchtenden Augen auf ihn zu. Wirklich schade, daß das Leuchten in jemandes Augen einfach nur ein Leuchten in jemandes Augen ist und man auf den ersten Blick nicht sagen kann, woher es kommt. Man weiß nicht, ob jemand über einen selbst so freudig erregt ist oder über was sonst. Am Abend zuvor war Mrs. Murdock auch auf Mr. Murdock zugestürzt und hatte leuchtende Augen gehabt.

«Oh, hallo», sagte er. Dann sah er wieder in seine Zeitung und nicht mehr hoch. «Was hast du denn gemacht? Bist du bei Hank Noyes vorbeigeschneit?»

Die kleine Mrs. Murdock blieb stehen, wo sie war.

«Du weißt sehr genau, Jim», sagte sie, «daß Hallie Noyes mit Vornamen Hallie heißt.»

«Für mich heißt sie Hank», sagte er. «Hank oder Bill. Ist Wie-hieß-sie-doch-Gleich auch aufgetaucht? Ich meine, vorbeigeschneit. Entschuldige.»

«Auf wen beziehst du dich», sagte Mrs. Murdock formvollendet.

«Wie-hieß-sie-gleich», sagte Mr. Murdock. «Dieser Filmstar.»

«Falls du Lily Wynton meinst», sagte Mrs. Murdock, «sie ist kein Filmstar. Sie ist Schauspielerin. Und zwar eine große.»

«Schön, *ist* sie vorbeigeschneit?» sagte er.

Mrs. Murdock ließ die Schultern sinken. «Ja», sagte sie. «Ja, sie war auch da, Jim.»

«Ich nehme an, du gehst jetzt auch zur Bühne», sagte er.

«Ach, Jim», sagte Mrs. Murdock. «Ach, Jim, bitte. Es tut mir um keine Sekunde leid, die ich heute bei Hallie Noyes war. Es war – es war eine Erfahrung, Lily Wynton kennenzulernen. Etwas, das ich mein Lebtag nicht vergessen werde.»

«Was hat sie denn gemacht?» sagte Mr. Murdock. «Sich verkehrtrum aufgehängt?»

«Nein, das hat sie nicht!» sagte Mrs. Murdock. «Sie hat Shakespeare rezitiert, falls du es wissen möchtest»

«Oh», sagte Mr. Murdock. «Muß ja großartig gewesen sein.»

«Schon gut, Jim», sagte Mrs. Murdock. «Wenn du das so siehst.»

Müde ging sie aus dem Zimmer und den Flur entlang. Sie blieb an der Speisekammertür stehen, stieß sie auf und sprach mit dem netten kleinen Dienstmädchen.

«Oh, Signe», sagte sie. «Oh, guten Abend,

Signe. Legen Sie das hier irgendwohin, ja? Ich hab's unterwegs besorgt. Ich dachte, wir essen's vielleicht mal irgendwann.»

Ermattet ging die kleine Mrs. Murdock dann weiter den Flur entlang in ihr Schlafzimmer.

# Das Butterkremherz

*(The Custard Heart)*

Keines Menschen Auge noch das einer wilden Bestie im Käfig, noch das eines trauten Haustiers hatte Mrs. Lanier je zu sehen bekommen, wenn sie nicht wehmütig war. Sie war der Wehmut ergeben wie unbedeutendere Künstler den Worten, der Farbe, dem Marmor. Mrs. Lanier war keine von diesen unbedeutenderen; sie war eine von den wahren. Das gewiß ewiggültige Beispiel für den wahren Künstler ist jener Schauspieler bei Dickens, der sich von oben bis unten schwarz anmalte, um den Othello zu spielen. Und man darf annehmen, daß Mrs. Lanier noch in ihrem Badezimmer wehmütig war und daß sie in weicher Wehmut durch die dunkle, geheimnisvolle Nacht schlummerte.

Falls dem Porträt, das Sir James Weit von ihr schuf, nichts zustößt, wird sie so dastehen, wehmütig über die Jahrhunderte hinweg. Er hat sie in voller Lebensgröße dargestellt, in lauter Gelbtönen, mit den zierlich aufgetürmten Locken, den schmalen, geschwungenen Füßen wie elegante Bananen, der glänzenden Fläche ihrer Abendrobe; Mrs. Lanier trug eigentlich am Abend immer Weiß, aber Weiß ist beim Malen eine höllisch heikle Sache, und kann man von einem Mann erwarten, daß er seine gesamten sechs Wochen in den Vereinigten Staaten nur auf die Ausführung eines einzigen Auftrags verwendet? Wehmut ruht, unsterblich, in den dunklen Augen mit der traurigen Hoffnung, auf dem flehenden Mund, auf dem gesenkten kleinen Kopf über dem lieblichen langen Nacken, der gebeugt ist, als gebe er den drei Reihen Lanierscher Perlen nach. Zwar äußerte ein Kritiker, als das Porträt ausgestellt wurde, in einer Zeitung die erstaunte Frage, weshalb eine Frau, die solche Perlen besaß, eigentlich Wehmut empfinden könnte; aber das kam zweifellos nur daher, daß er seine kleine Krämerseele für ein paar Groschen an den Besitzer der Konkurrenzgalerie verkauft hatte. Fest steht, daß niemand in Hinsicht Perlen Sir James das Wasser reichen konnte. Jede einzelne ist so deutlich und so individuell gestaltet wie das Gesicht jedes einzelnen Soldaten in einer Schlachtszene von Meissonier.

Eine Zeitlang trug Mrs. Lanier aus der Verpflichtung des Modells, dem Porträt gleichzusehen, an den Abenden Gelb. Sie hatte Roben aus Samt weich wie flüssige Sahne vom Land, und aus Satin, gelackt wie Butterblumen, und Chiffon, der sie umspielte wie goldene Dunstspiralen. Sie trug sie und hörte in scheuer Überraschung die Vergleiche mit gelben Narzissen und Schmetterlingen in der Sonne an; aber sie wußte Bescheid.

«Das bin einfach nicht ich», seufzte sie schließlich und kehrte wieder zurück zu ihren lilienweißen Gewändern. Picasso hatte seine blaue Periode und Mrs. Lanier ihre gelbe. Sie wußten beide, wann man aufhören muß.

Nachmittags trug Mrs. Lanier dünnes, duftiges Schwarz, dazu die großartigen Perlen, die auf ihrer Brust weinten. Was sie am Morgen trug, das hätte nur Gwennie wissen können, die Zofe, die ihr das Frühstückstablett brachte; aber es muß selbstverständlich erlesen gewesen sein. Mr. Lanier – denn gewiß gab es einen Mr. Lanier; man hatte ihn sogar gesehen – schlich sich hinter ihrer Tür in sein Büro davon, und die Bediensteten schwebten und hauchten, damit Mrs. Lanier die strahlende neue Grausamkeit des Tages solange wie möglich erspart blieb. Erst wenn auf den Mittag die freundlicheren Stunden mit den kleineren Zahlen folgten, vermochte sie sich aufzuraffen und den stets wiederkehrenden Sorgen des Lebens ins Auge zu sehen.

Es gab fast jeden Tag Pflichten zu erfüllen, und Mrs. Lanier nahm dafür all ihren Mut zusammen. Sie mußte gleich in ihre Stadtlimousine steigen und neue Garderobe auswählen und die in Auftrag gegebenen Kleider anprobieren, bis sie ihrer eigenen Vollkommenheit entsprachen. Gewänder wie die ihren ereigneten sich nicht einfach; sie erforderten, wie große Dichtung, hartes Ringen. Aber Mrs. Lanier ließ den Schutz ihres Hauses nur mit Grauen hinter sich, denn draußen waren überall so viele Unschöne und Traurige, die ihren Augen und ihrem Herzen zusetzten. Oft stand sie minutenlang verschüchtert vor dem Barockspiegel im Flur, bevor sie ihren Kopf aufzurichten vermochte, um tapfer hinauszuschreiten.

Für die Zartbesaiteten gibt es keinen Schutz, ganz gleich, wie gerade ihr Weg, wie unschuldig ihr Ziel. Manchmal stand sogar vor dem Schneider oder dem Kürschner oder dem Lingerie-Lädchen oder dem Putzmacher der Mrs. Lanier ein Spalier von dünnen Mädchen und abgerissenen kleinen Männern, die Plakate in den kalten Händen hielten und in gemessenen, langsamen Schritten auf und ab gingen, auf und ab. Ihre Gesichter waren blau und rauh vom Wind und leer von dem eintönigen Dasein in der Tretmühle. Sie sahen so klein und arm und mitgenommen aus, daß Mrs. Lanier sich vor Erbarmen die Hände aufs Herz schlug. Ihre Augen glänzten vor lauter Mitleid, und ihre lieblichen Lippen taten sich auf, als wollten sie etwas Aufmunterndes flüstern, während sie durch das schleppende Spalier ins Geschäft schritt.

Oft saßen Bleistiftverkäufer im Weg, so ein halbes Geschöpf auf einem Brett mit Rollen, das sich mit den Händen den Bürgersteig entlangschubste, oder ein Blinder, der hinter einem schwankenden Krückstock herschlurfte. Mrs. Lanier mußte stehenbleiben und auch schwanken, mit geschlossenen Augen, eine Hand am Hals, als Stütze für ihren schönen, erschütterten Kopf. Dann konnte man sehen, wie sie sich einen regelrechten Ruck gab, konnte sehen, wie die Anstrengung ihren Körper durchrieselte, als sie die Augen wieder aufschlug und diesen Elenden, blinden und sehenden gleichermaßen, ein Lächeln von solcher Zärtlichkeit, solch besorgtem Verständnis schenkte, daß es einem vorkam wie der erlesene, schwermütige Duft von Hyazinthen in der Luft. Manchmal, wenn so ein Mann nicht gar zu gräßlich aussah, kam es sogar vor, daß sie eine Münze aus ihrer Börse fischte, ihren schmalen Arm ausstreckte, wobei sie die Münze so zierlich hielt, als hätte sie sie von einem silbernen Stamm gepflückt, und sie in seinen Becher fallen ließ. War er noch jung und neu in diesem Leben, dann bot er ihr Bleistifte im Gegenwert an; aber Mrs. Lanier wollte kein Entgelt. Auf sanfteste, zartfühlendste Weise huschte sie davon und ließ ihn dort sitzend, sein schäbiges Warenangebot unangetastet, zurück, aber er war nun nicht mehr ein Arbeiter um seinen Lebensunterhalt wie Millionen andere, sondern abgesetzt von ihnen und auserlesen, umgeben vom Duft der Wohltätigkeit.

So war es, wenn Mrs. Lanier aus dem Haus ging. Überall sah sie sie, die Zerlumpten, die Mühseligen, die Verzweifelten, und jedem einzelnen schenkte sie ihren Blick, der beredt war auch ohne Worte.

«Nur Mut», sagte er. «Und Sie – oh, wünschen Sie auch mir Mut!»

Oft war Mrs. Lanier, wenn sie endlich wieder nach Hause kam, so welk wie eine Fresie. Ihre Zofe Gwennie mußte sie dann beknien, daß sie sich hinlegte, damit sie wieder zu Kräften kam und ihr Kleid gegen ein duftigeres eintauschen und in ihren Salon hintergehen konnte, die Augen kummervoll verhangen, aber die edlen Brüste stolz aufgerichtet.

In ihrem Salon fand sie Zuflucht. Hier konnte ihr Herz genesen von den Schlägen der Zeit und wieder heil sein für die eigenen Sorgen. Dieser Raum schwebte über dem Leben, ein Ort von zarten Stoffen und blassen Farben, und nirgendwo eine Zeitung oder ein Buch, die vom Jammertal kündeten oder es gar beschrieben. Hinter der großen Fensterfläche schlängelte sich der Fluß und fuhren die stattlichen Schuten vorbei, beladen mit seltsamen Sachen in gobelinbunten Farben; und es gab keinen Grund, sich mit den Leuten gemein zu machen, die unbedingt erklären müssen, daß es Abfälle waren. Eine Insel mit einem glücklichen Namen lag gegenüber, und darauf standen in einer Reihe steife, solide Gebäude, naiv wie ein Gemälde von Rousseau. Manchmal konnte man auf der Insel die energischen Figuren von Krankenschwestern und Insassen beim Sport auf den Wiesen sehen. Möglich, daß hinter den vergitterten Fenstern in den Gebäuden erheblich weniger energische Figuren waren, aber danach hatte im Beisein von Mrs. Lanier niemand zu fragen. Alle, die in ihren Salon kamen, kamen nur zu einem Zweck: ihr Herz gegen Verletzung zu beschirmen.

Hier in ihrem Salon, im wunderbaren Blau des Spätnachmittags, saß Mrs. Lanier auf schillerndem Taft und war wehmütig. Und hierher in ihren Salon kamen junge Männer und versuchten ihr zu helfen, das Leben zu ertragen.

Die Besuche der jungen Männer vollzogen sich in einem Turnus. Sie kamen immer in Grüppchen zu dritt oder zu viert oder zu sechst, eine Zeitlang; und dann war einer dabei, der noch ein bißchen blieb, wenn die anderen schon gegangen waren, der bald darauf ein bißchen früher kam als die anderen. Dann folgten die Tage, an denen Mrs. Lanier für die anderen jungen Männer nicht mehr zu Hause war und der eine junge Mann in dem wunderschönen Blau mit ihr allein verweilte. Und dann war Mrs. Lanier auch für den einen jungen Mann nicht mehr zu Hause, und Gwennie mußte ihm am Telefon erzählen, wieder und wieder, daß Mrs. Lanier ausgegangen war, daß Mrs. Lanier krank sei, Mrs. Lanier nicht gestört werden durfte.

Wieder kamen junge Männer in Grüppchen; jener junge Mann war nicht dabei. Aber dabei war unter ihnen ein neuer junger Mann, der bald darauf ein bißchen länger blieb und ein bißchen früher kam, der zu guter Letzt wieder Gwennie am Telefon in den Ohren lag.

Gwennie – ihre verwitwete Mutter hatte sie Gwendola genannt und war dann, als hätte sie gemerkt, daß sich kein anderer Traum je erfüllen würde, gestorben – war klein und kräftig und unauffällig. Sie war auf einer Farm oben im Staat New York aufgezogen worden, von einem Onkel und einer Tante, die hart wie die Scholle ums Dasein kämpften. Nachdem auch sie gestorben waren, hatte sie nirgendwo mehr Verwandte. Sie kam nach New York, weil sie gehört hatte, es gäbe dort Arbeit; sie kam just zu der Zeit an, als Mrs. Laniers Köchin eine Küchenhilfe brauchte. Und so hatte Mrs. Lanier in ihrem eigenen Haus ihren Schatz gefunden.

Gwennies harte kleine Bauernmädchenfinger konnten unsichtbare Stiche nähen, konnten ein Plätteisen schwingen, als wäre es ein Zauberstab, konnten wie eine Sommerbrise durch Mrs. Laniers Garderobe und

Haare fahren. Sie war so eifrig, wie der Tag lang war; und ihre Tage dauerten häufig von Tagesanbruch bis Tagesanbruch. Sie war niemals müde, sie war niemals betrübt, sie war guter Dinge, ohne Aufhebens davon zu machen. An ihrer Anwesenheit oder ihrem Anblick war nichts, was ans Herz gerührt und ihm Unbehagen verursacht hätte.

Mrs. Lanier sagte oft, daß sie gar nicht wüßte, wie sie ohne ihre kleine Gwennie auskommen würde; sollte ihre kleine Gwennie sie je verlassen, sagte sie, dann wüßte sie einfach nicht mehr weiter. Sie sah so verloren und zerbrechlich aus, wenn sie das sagte, daß man dann Gwennie ihre Anlage zum Heiraten oder Sterben richtig übel nahm. Doch es gab keinen zwingenden Grund zur Sorge, denn Gwennie war stark wie ein Pony und hatte keinen Verehrer. Sie hatte mit überhaupt niemandem Freundschaft geschlossen und schien das auch nicht als Versäumnis zu empfinden. Ihr Leben gehörte Mrs. Lanier; wie alle anderen, die in Mrs. Laniers Nähe kommen durften, war auch Gwennie bestrebt, alles zu tun, um sie vor Schmerz zu bewahren.

Alle konnten zwar etwas dafür tun, daß jede Erinnerung an die Trauer überall in der

Welt ausgesperrt blieb, aber mit Mrs. Laniers privatem Kummer ließ sich die Sache schwieriger an. In ihrem Herzen wohnte eine so tiefe, so geheime Sehnsucht, daß oft Tage vergingen, bevor sie, im Dämmerlicht, einem neuen jungen Mann gegenüber, wieder darüber sprechen konnte.

«Wenn ich doch nur ein kleines Baby hätte», seufzte sie dann, «ein kleines, kleines Baby, ich glaube, dann wäre ich fast glücklich.» Und sie schlang ihre zarten Arme untereinander und schaukelte sie langsam und sacht, so als wiegte sie das kleine Wesen ihrer innigen Träume. Dann war sie, verhinderte Madonna, am allerwehmütigsten, und der junge Mann hätte Leben oder Tod für sie hingegeben, je nach ihrem Geheiß.

Mrs. Lanier erwähnte niemals, warum ihr Wunsch unerfüllt geblieben war; der junge Mann wußte jeweils genau, sie war viel zu lieb, um jemanden zu beschuldigen, viel zu stolz, um es zu verraten. Aber jetzt, so nahe bei ihr im bleichen Licht, jetzt verstand er, und sein Blut geriet in Wallung vor Zorn, daß ein solcher Tölpel wie Mr. Lanier nie von jemandem kaltgemacht wurde. Er flehte Mrs. Lanier an, sie möge ihm gestatten, sie der Hölle des Lebens zu entreißen und sie fast glücklich zu machen. Jedesmal danach war Mrs. Lanier dann für den jungen Mann gerade ausgegangen oder krank oder durfte keinesfalls gestört werden.

Gwennie betrat den Salon nie, wenn nur ein einziger junger Mann da war; aber wenn die Grüppchen wiederkamen, war sie wieder unaufdringlich zu Diensten, zog einen Vorhang zurecht oder brachte ein frisches Glas. Das gesamte Personal im Hause Lanier war unaufdringlich, ging leise und hatte die richtigen Gesichter ohne besondere Merkmale. Wenn einmal Änderungen bei der Besetzung vorgenommen werden mußten, kümmerten sich Gwennie und die Haushälterin um Ersatz und verloren vor Mrs. Lanier kein Wort darüber, damit sie nicht von Verlassenheitsgefühlen oder Trauer angefaßt wurde durch leidvolle Geschichten. Die neuen Dienstboten sahen in ihrer Unauffälligkeit immer aus wie die alten. Das heißt, so war es, bis Kane kam, der neue Chauffeur.

Der alte Chauffeur war ersetzt worden, weil er schon zu lange der alte Chauffeur gewesen war. Es lastet grausam schwer auf dem zartfühlenden Herzen, wenn ein vertrautes Gesicht faltig und trocken wird, wenn vertraute Schultern täglich tiefer nach unten zu sacken scheinen und ein vertrauter Nacken zwischen den Muskelsträngen hohl wird. Der alte Chauffeur sah und hörte und arbeitete wie immer; aber mitansehen zu müssen, wie er allmählich verfiel, das war zuviel für Mrs. Lanier. Mit schmerzvoller Stimme hatte sie Gwennie mitgeteilt, daß sie seinen Anblick nicht mehr ertragen konnte. So war der alte Chauffeur gegangen und Kane gekommen.

Kane war jung, in seinen geraden Schultern und seinem festen, breiten Nacken lag nichts Deprimierendes für jemanden, der in der Stadtlimousine dahinter saß. Er stand da wie ein Triangel in seiner maßgeschneiderten Livree, hielt den Wagenschlag für Mrs. Lanier auf und machte eine Verbeugung, wenn sie an ihm vorbeischritt. Aber wenn er nicht im Dienst war, trug er den Kopf gockelhaft hoch, und ein feines, gockelhaftes Lächeln lag auf seinem roten Mund.

Oft wenn Kane in der Kälte draußen im Wagen auf Mrs. Lanier wartete, sagte sie mitfühlend zu Gwennie, sie sollte ihn doch ins Dienstbotenzimmer bitten. Gwennie brachte ihm dann Kaffee und sah ihn an. Zweimal überhörte sie Mrs. Laniers elektrische Emailklingel.

Gwennie fing jetzt an, ihre freien Abende einzuhalten; vorher hatte sie darauf verzichtet und war dageblieben und Mrs. Lanier zur Hand gegangen. Aber eines Abends war Mrs. Lanier nach einer Theatervorstellung und einer langen Unterhaltung im Flüsterton in ihrem Salon spät in ihr Zimmer gerauscht gekommen. Und Gwennie hatte nicht bereitgestanden, um ihr die weiße Robe auszuziehen und die Perlen wegzuschließen und das leuchtendhelle Haar zu bürsten, das gelockt war wie Blütenblätter von Forsythien. Gwennie war noch nicht wieder zurück gewesen von ihrem freien Abend. Mrs. Lanier hatte ein Stubenmädchen wecken und deren unbefriedigenden Beistand erlangen müssen.

Gwennie hatte am nächsten Morgen geweint beim Anblick des Leids aus Mrs. Laniers Augen; aber Tränen waren zu quälend für Mrs. Lanier, und die Zofe hatte sofort aufgehört. Mrs. Lanier hatte ihr zart den Arm getätschelt, und damit war die Sache erledigt gewesen, außer daß Mrs. Laniers Augen dank dieser neuerlichen Verletzung noch dunkler und größer waren.

Kane wurde zum richtigen Trost für Mrs. Lanier. Nach den traurigen Anblicken auf den Straßen tat es gut, zu sehen, wie Kane am

Wagen stand, kernig und aufrecht und jung, und nichts auf der Welt war an ihm problematisch. Mrs. Lanier gewöhnte sich an, ihn fast dankbar anzulächeln, doch auch wehmütig, so als suchte sie in ihm das Geheimnis des Nichttraurigseins.

Und dann eines Tages erschien Kane nicht zum anberaumten Dienst. Der Wagen, der eigentlich bereit sein sollte, um Mrs. Lanier zu ihrem Schneider zu bringen, stand noch immer in der Garage, und Kane war dort den ganzen Tag nicht aufgetaucht. Mrs. Lanier hieß Gwennie sofort in seiner Unterkunft anrufen und nachforschen, was das zu bedeuten hatte. Und das Mädchen war vor ihr in Tränen ausgebrochen und hatte geschrien, sie hätte schon angerufen, immer und immer wieder, und er wäre nicht da und niemand wüßte, wo er war. Der Ausbruch war bestimmt darauf zurückzuführen, daß Gwennie den Kopf verloren hatte vor lauter Kummer über Mrs. Laniers Tageslauf, der so durcheinandergeraten war; oder vielleicht war ihr auch die heftige Erkältung, die sie sich offenbar zugezogen hatte, auf die Stimme geschlagen, denn auch ihre Augen waren entzündet und rot und ihr Gesicht bleich und verschwollen.

Von Kane gab es keine Spur mehr. Er hatte am Tag vor seinem Verschwinden seinen Lohn abgeholt, und das war das letzte Zeichen von ihm gewesen. Er ward nie mehr gehört oder gar gesehen. Zuerst war Mrs. Lanier kaum fähig, an die Möglichkeit eines solchen Verrats überhaupt zu glauben. Ihr Herz, weich und süß wie eine vollendete crème renversée, bebte in ihrer Brust, und in ihren Augen lag der ferne Schimmer des Leidens.

«Oh, wie konnte er mir das antun?» fragte sie Gwennie fassungslos. «Wie konnte er mir Ärmster das antun?»

Kanes Treubruch kam nie zur Sprache; er war ein zu schmerzhaftes Thema. Wenn ein Besucher unachtsamerweise fragte, was denn aus diesem schmucken Chauffeur geworden war, so legte Mrs. Lanier die Hand über ihre geschlossenen Lider und schrak sachte zusammen. Der Besucher, der ungewollt ihren Kümmernissen Nahrung gegeben hatte, bekam selbstmörderische Anwandlungen und weihte sich erst recht hingebungsvoll ihrer Tröstung.

Gwennies Erkältung dauerte außergewöhnlich lange. Die Wochen vergingen, und immer noch waren Morgen für Morgen ihre

Augen rot und ihr Gesicht weiß und aufgeplustert. Mrs. Lanier mußte oft wegsehen, wenn Gwennie ihr das Frühstückstablett auftrug.

Sie versorgte Mrs. Lanier wieder umsichtig wie eh und je; sie achtete nicht auf ihre freien Zeiten, sondern blieb zu Hause zu weiteren Diensten. Sie war immer schon still gewesen, aber jetzt wurde sie beinah stumm, und das war eine zusätzliche Linderung. Sie arbeitete ohne Unterlaß und schien richtig aufzublühen, denn abgesehen von den Auswirkungen dieser seltsamen Erkältung sah sie rund und gesund aus.

«Seht nur», sagte Mrs. Lanier zärtlich neckend, wenn Gwennie das Grüppchen im Salon bediente, «seht nur, wie fett meine kleine Gwennie wird! Ist das nicht reizend?»

Die Wochen vergingen, und wieder vollzog sich ein Turnus mit jungen Männern. Es kam der Tag, an dem Mrs. Lanier für das Grüppchen nicht zu Hause war; an dem ein neuer junger Mann kommen und mit ihr allein sein würde, zum ersten Mal, in ihrem Salon. Mrs. Lanier saß vor ihrem Spiegel und tupfte sich Parfüm auf den Hals, während Gwennie ihre goldenen Locken auftürmte.

Das edle Gesicht, das Mrs. Lanier im Spiegel sah, zog ihre Aufmerksamkeit stärker an, und sie stellte das Parfüm ab und neigte sich ihm entgegen. Sie ließ den Kopf ein wenig zur Seite sinken und betrachtete das Gesicht aus der Nähe; sie sah, wie die wehmütigen Augen noch wehmütiger wurden, die Lippen sich zu einem flehenden Lächeln verzogen. Sie schlang die Arme dicht vor ihrer lieblichen Brust untereinander und schaukelte sie sacht, als wiegten sie ein Traumkind. Sie beobachtete, wie die Arme im Spiegel sanft hin- und herschwangen, ließ sie ein wenig langsamer schwingen.

«Wenn ich doch nur ein kleines Baby hätte», seufzte sie. Sie schüttelte den Kopf. Leise räusperte sie sich und seufzte wieder, diesmal ein wenig tiefer. «Wenn ich doch nur ein kleines, kleines Baby hätte, ich glaube, dann wäre ich fast glücklich.»

Ein Geklapper hinter ihr ließ sie sich erstaunt umdrehen. Gwennie hatte die Haarbürste auf den Boden fallen lassen und stand schwankend da, das Gesicht in den Händen.

«Gwennie!» sagte Mrs. Lanier. «Gwennie!»

Die Zofe nahm die Hände vom Gesicht und sah aus, als stände sie unter einem grünen Licht.

«Ich bitte um Entschuldigung», japste sie. «Entschuldigung. Bitte, verzeihen Sie mir. Ich – oh, mir wird schlecht!»

Sie rannte so heftig aus dem Zimmer, daß der Fußboden bebte.

Mrs. Lanier saß da und sah ihr nach, die Hände auf ihrem wunden Herzen. Langsam drehte sie sich wieder zu ihrem Spiegel, und was sie dort sah, schlug sie in Bann; ein Künstler erkennt sein Meisterwerk. Und dies hier war die Vollendung ihrer Karriere, die vollkommen geläuterte Wehmut; dieser Ausdruck kummervoller Bestürzung hatte den Ausschlag gegeben. Sorgfältig bewahrte sie ihn im Gesicht, als sie sich vom Spiegel erhob und, die wunderbaren Hände noch immer wie ein Schild über dem Herzen, nach unten ging zu dem neuen jungen Mann.

# Arrangement in Schwarz und Weiß

*(Arrangement in Black and White)*

Die Frau mit den verschlungenen blaßroten Samtmohnblumen in den aufgehellten goldgelben Haaren durchmaß den überfüllten Raum in einer interessanten Gangart, die einen Hopser mit einer Seitwärtsbewegung verband, und packte den mageren Arm ihres Gastgebers.

«Jetzt habe ich Sie erwischt!» sagte sie. «Jetzt können Sie nicht mehr entkommen!»

«Ach, hallo», sagte ihr Gastgeber. «Tja. Wie geht es Ihnen?»

«Oh, mir geht's bestens», sagte sie. «Ganz einfach bestens. Hören Sie. Ich möchte, daß Sie mir den allerfurchtbarsten Gefallen tun. Würden Sie das? Würden Sie bitte? Wenn ich ganz lieb bitte sage?»

«Worum geht es denn?» sagte ihr Gastgeber.

«Hören Sie», sagte sie. «Ich möchte Walter Williams kennenlernen. Ehrlich, ich bin ganz einfach verrückt auf den Mann. Ach, wenn der singt! Wenn der diese Spirituals singt! Also ich habe zu Burton gesagt: ‹Es ist ein Glück für dich, daß Walter Williams Farbiger ist›, habe ich gesagt, ‹sonst hättest du jede Menge Gründe, eifersüchtig zu sein. ›Ich würde ihn wirklich wahnsinnig gern kennenlernen. Ich würde ihm gern sagen, daß ich ihn singen gehört habe. Seien Sie ein Engel und stellen Sie mich ihm vor!»

«Aber natürlich», sagte ihr Gastgeber. «Ich dachte, Sie kennen ihn schon. Die Party ist ja für ihn. Wo ist er übrigens?»

«Er ist dort drüben beim Bücherschrank», sagte sie. «Warten wir noch, bis die Leute da mit ihm zu reden aufhören. Also ich finde es einfach fabelhaft von Ihnen, daß Sie diese absolut fabelhafte Party für ihn geben und ihn mit all diesen Weißen zusammenbringen und alles. Ist er denn nicht furchtbar dankbar?»

«Ich hoffe nicht», sagte ihr Gastgeber.

«Ich finde, daß es wirklich furchtbar nett ist», sagte sie. «Ich finde es wirklich. Ich sehe nicht ein, warum um alles auf der Welt es nicht absolut in Ordnung ist, Farbige kennenzulernen. Ich habe da überhaupt keine Ressentiments – nicht die kleinste Spur. Burton – ach, der ist da ganz anders. Wissen Sie, er kommt eben aus Virginia, und Sie wissen ja, wie die sind.»

«Ist er heute abend auch hier?» sagte ihr Gastgeber.

«Nein, er konnte nicht», sagte sie. «Ich bin heute abend eine richtiggehende Strohwitwe. Ich habe zu ihm gesagt, wie ich gegangen bin: ‹Wer weiß, was ich anstelle›, habe ich gesagt. Er war ja so todmüde, daß er sich nicht mehr rühren konnte. Ist das nicht eine Schande?»

«Ah», sagte ihr Gastgeber.

«Warten Sie nur, bis ich ihm erzähle, daß ich Walter Williams kennengelernt habe!» sagte sie. «Das haut ihn glatt um. Ach, wir haben ständig Auseinandersetzungen wegen der Farbigen. Ich sage die unmöglichsten Sachen zu ihm, so reg ich mich auf. ‹Ach, sei doch nicht so beschränkt›, sage ich immer. Aber das muß ich doch zu Burtons Gunsten sagen, er ist kolossal aufgeschlossener als ein Haufen von diesen Südstaatlern. Er hat Farbige wirklich schrecklich gern. Also er sagt selbst, daß er keine weißen Dienstboten nehmen würde. Und wissen Sie, er hatte diese alte farbige Kinderfrau, diese richtiggehende alte Nigger-Amme, und die liebt er unheimlich. Tja, jedesmal, wenn er nach Hause geht, geht er in die Küche hinaus, um sie zu sehen. Das macht er wirklich, bis auf den heutigen

Tag. Er sagt eben nur, er sagt, daß er nicht das geringste gegen Farbige hat, solange sie nur wissen, wo sie hingehören. Er tut auch dauernd was für sie – gibt ihnen Kleider und was weiß ich noch alles. Das einzige, was er sagt, er sagt, daß er sich nicht für eine Million Dollar mit einem von ihnen an einen Tisch setzen würde. ‹Ach›, sage ich immer zu ihm, ‹du machst mich krank, wenn du so daherredest.› Ich bin einfach furchtbar zu ihm. Bin ich nicht furchtbar?»

«O nein, nein, nein», sagte ihr Gastgeber. «Nein, nein.»

«Doch, das bin ich», sagte sie. «Ich weiß es doch. Armer Burton! Ich dagegen, ich denke da überhaupt nicht so. Ich habe nicht die geringsten Ressentiments gegenüber Farbigen. Tja, ich bin sogar ganz verrückt auf einige. Sie sind genau wie Kinder – genau so unbekümmert, und immer singen und lachen sie und so. Sind sie nicht die glücklichsten Wesen, die Sie je gesehen haben? Ehrlich, ich muß schon lachen, wenn ich sie nur höre. Oh, ich mag sie. Ich mag sie wirklich. Nun passen Sie mal auf, ich habe doch seit Jahren diese schwarze Waschfrau, und ich bin ihr treu ergeben. Sie ist ein richtiges Original. Und ich kann Ihnen versichern, daß ich sie als meine Freundin ansehe. Genau als das sehe ich sie an. Wie ich immer zu Burton sage: ‹Ja, um Himmels willen, wir sind doch alle Menschen!› Oder etwa nicht?»

«Doch», sagte ihr Gastgeber. «Allerdings.»

«Was diesen Walter Williams angeht», sagte sie. «Ich finde, daß ein Mann wie der ein richtiger Künstler ist. Das finde ich. Ich finde, daß er schrecklich viel Anerkennung verdient. Du meine Güte, ich bin so verrückt auf Musik und so was, daß es mir ganz egal ist, was für eine Hautfarbe er hat. Ich finde ganz ehrlich, wenn jemand ein Künstler ist, dann sollte niemand irgendwelche Ressentiments haben, ihn auch kennenzulernen. Genau das sage ich jedenfalls immer zu Burton. Finden Sie nicht, daß ich recht habe?»

«Doch, doch», sagte ihr Gastgeber. «Bestimmt.»

«Genau so denke ich nun mal», sagte sie. «Ich kann es einfach nicht begreifen, wenn Leute engstirnig sind. Also ich finde jedenfalls, daß es eine Ehre ist, einen Mann wie Walter Williams kennenzulernen. Unbedingt, ja, du meine Güte, der liebe Gott hat ihn doch genauso geschaffen, wie er jeden von uns geschaffen hat. Oder etwa nicht?»

«Gewiß», sagte ihr Gastgeber. «Ja, in der Tat.»

«Genau das sage ich auch», sagte sie. «Oh, ich werde so wütend, wenn Leute gegenüber Farbigen engstirnig sind. Ich muß mich zusammennehmen, damit ich nichts sage. Natürlich gebe ich zu, wenn man einen schlechten Farbigen erwischt, dann sind sie einfach furchtbar. Aber wie ich immer zu Burton sage, es gibt auch einige schlechte Weiße auf der Welt. Oder etwa nicht?»

«Ich denke schon», sagte ihr Gastgeber.

«Also ich würde mich wirklich freuen, wenn ein Mann wie Walter Williams mal zu mir nach Hause kommen und für uns singen würde», sagte sie. «Natürlich könnte ich ihn wegen Burton nicht einladen, aber *ich* hätte da überhaupt keine Ressentiments. Ach, und wie der singen kann! Ist es nicht fabelhaft, wie die alle Musik in sich haben? Sie scheint geradezu *in* ihnen zu stecken. Kommen Sie, gehen wir hinüber und reden wir mit ihm. Hören Sie, was soll ich machen, wenn ich vorgestellt werde? Soll ich ihm die Hand schütteln? Oder was?»

«Tja, machen Sie, was immer Sie möchten», sagte ihr Gastgeber.

«Ich glaube, ich sollte es wohl besser tun»,

sagte sie. «Ich würde um nichts in der Welt wollen, daß er denkt, ich hätte irgendwelche Vorbehalte. Ich denke, daß ich ihm am besten die Hand schüttele, so wie ich es bei jedem anderen auch tun würde. Genau das werde ich rundheraus machen.»

Sie kamen bei dem großen jungen Neger an, der neben dem Bücherschrank stand. Der Gastgeber stellte vor; der Neger verbeugte sich.

«Guten Abend», sagte er.

Die Frau mit den blaßroten Samtmohnblumen streckte ihre Hand auf Armeslänge aus und hielt sie so, damit alle Welt es sehen konnte, bis der Neger sie nahm, sie schüttelte und sie ihr zurückgab.

«Oh, guten Abend, Mr. Williams», sagte sie. «Tja, guten Abend. Ich habe gerade gesagt, wie schrecklich gut mir ihr Singen gefallen hat. Ich bin in Ihren Konzerten gewesen, und wir haben Sie auf dem Grammophon und so. Ach, es gefällt mir ja so gut!» Sie sprach mit großer Deutlichkeit und bewegte ihre Lippen peinlich genau, wie im Gespräch mit einem Tauben.

«Das freut mich», sagte er.

«Ich bin ganz einfach verrückt auf die ‹Water Boy›-Nummer, die Sie singen», sagte sie. «Ehrlich, die geht mir nicht aus dem Sinn. Ich mache meinen Mann fast verrückt, weil ich ständig herumlaufe und sie summe. Oh, er wird vor Wut so schwarz wie ein – Tja. Ach, sagen Sie, wo um alles auf der Welt bekommen Sie bloß alle Ihre Lieder her? Wie kommen Sie bloß an sie ran?»

«Nun», sagte er, «es gibt da viele verschiedene –»

«Die singen Sie wohl wahnsinnig gern», sagte sie. «Das muß doch mehr Spaß machen. All diese reizenden alten Spirituals – ach, ich liebe sie einfach! Tja, was machen Sie denn jetzt so? Singen Sie eigentlich noch? Warum geben Sie denn nicht mal wieder ein Konzert?»

«Ich gebe eines am sechzehnten dieses Monats», sagte er.

«Also ich werde dasein», sagte sie. «Ich werde dasein, wenn ich es irgendwie einrichten kann. Sie können auf mich zählen. Du meine Güte, da kommt ja ein ganzer Schwung Menschen, die mit Ihnen reden wollen. Sie sind ja ein richtiggehender Ehrengast! Ach, wer ist denn die Frau in Weiß? Ich habe sie schon irgendwo gesehen.»

«Das ist Katharine Burke», sagte ihr Gastgeber.

«Du lieber Himmel», sagte sie, «das ist Katharine Burke? Die sieht ja völlig anders aus als auf der Bühne. Ich dachte, daß sie viel hübscher sei. Ich hatte ja keine Ahnung, daß sie so furchtbar dunkel ist. Also die sieht ja fast wie –. Oh, ich finde, sie ist eine wunderbare Schauspielerin! Finden Sie nicht auch, daß sie eine wunderbare Schauspielerin ist, Mr. Williams? Oh, ich finde, sie ist fabelhaft. Oder etwa nicht?»

«Doch, doch», sagte er.

«Oh, ich finde das auch», sagte sie. «Einfach wunderbar. Du meine Güte, wir müssen auch anderen die Chance geben, mit dem Ehrengast zu reden. Also vergessen Sie nicht, Mr. Williams, daß ich in diesem Konzert sein werde, wenn ich es irgendwie einrichten kann. Ich werde dasein und applaudieren wie wild. Und wenn ich nicht kommen kann, dann sage ich jedenfalls allen, die ich kenne, daß sie hingehen sollen. Vergessen Sie es nicht!»

«Bestimmt nicht», sagte er. «Vielen Dank.»

Der Gastgeber nahm ihren Arm und schob sie in das angrenzende Zimmer.

«Oh, mein Lieber», sagte sie. «Ich bin ja fast gestorben! Ehrlich, ich gebe Ihnen mein Wort, ich bin fast eingegangen. Haben Sie diesen furchtbaren Fauxpas gehört, den ich begangen habe? Ich wollte gerade sagen, daß Katharine Burke fast wie ein Nigger aussieht. Ich konnte mich gerade noch rechtzeitig bremsen. Ach, meinen Sie, daß er es bemerkt hat?»

«Das glaube ich nicht», sagte ihr Gastgeber.

«Dem Himmel sei Dank», sagte sie, «denn ich möchte ihn auf gar keinen Fall in Verlegenheit bringen. Eigentlich ist er doch schrecklich nett. Genau so nett, wie er nur sein kann. Nette Manieren und so. Wissen Sie, bei vielen Farbigen ist es doch so, wenn man ihnen den kleinen Finger gibt, dann nehmen sie gleich die ganze Hand. Aber er probiert nichts in dieser Richtung. Nun, dafür hat er wohl zuviel Verstand, nehme ich an. Finden Sie nicht auch?»

«Doch», sagte ihr Gastgeber.

«Er hat mir gefallen», sagte sie. «Ich habe überhaupt keine Ressentiments, weil er Farbiger ist. Ich war genauso unbefangen wie bei jedem anderen. Habe genauso unbefangen mit ihm geredet und so. Aber, ehrlich, ich konnte mir kaum das Lachen verkneifen. Ich mußte dauernd an Burton denken. Oh, warten Sie nur, bis ich Burton erzähle, daß ich ihn ‹Mister› genannt habe!»